BÜCHER
GRÜFTE

Eric W. Steinhauer

BÜCHER GRÜFTE

Warum Büchersammeln
morbide ist
und Lesen gefährlich

Die Deutsche Nationalbibliothek verzeichnet diese
Publikation in der Deutschen Nationalbibliografie;
detaillierte bibliografische Daten sind im Internet über
http://dnb.d-nb.de abrufbar.

Der Lambert Schneider Verlag ist ein Imprint der WBG

Die Herausgabe des Werkes wurde durch die Vereinsmitglieder
der WBG ermöglicht.
Lektorat: Elke Austermühl, Berlin
Satz: Lohse Design, Heppenheim
Einbandgestaltung: Peter Lohse, Heppenheim
Gedruckt auf säurefreiem und alterungsbeständigem Papier
Printed in Germany

Besuchen Sie uns im Internet: www.lambertschneider.de

ISBN 978-3-650-40021-5

Elektronisch sind folgende Ausgaben erhältlich:
eBook (PDF): 978-3-650-40028-4
eBook (epub): 978-3-650-40029-1

Inhalt

1.
Was Büchersammlungen mit Tod und Verfall zu tun haben

Für Menschen, die Bücher lieben, sind Bibliotheken überaus freundliche und sympathische Orte. Hören sie das Wort Bibliothek, so entsteht vor ihrem geistigen Auge das Traumbild eines gemütlichen Lesesaales, wo in gedämpftem Licht edel eingebundene Bände in schönen Regalen stehen; bequeme Sessel laden zum Verweilen ein und zu ausgiebiger Lektüre. Eine etwas zu strenge Bibliothekarin könnte dieses Idyll vielleicht ein wenig stören, aber gleich an Monster zu denken, an Friedhöfe und Gräber, käme wohl niemandem in den Sinn.

Nach der Lektüre des vorliegenden Buches könnte sich das grundlegend ändern. Es wird sich nämlich zeigen, dass Bibliotheken ganz und gar nicht die freundlichen Bücherparadiese sind, als die sie uns immer erscheinen. Vielmehr werden sie sich als überaus morbide, manchmal sogar als regelrecht unheimliche Orte erweisen, die sehr viel mit Tod und Verfall und eher wenig mit Gemütlichkeit zu tun haben. Die Morbidität der Bibliothek drängt sich nicht auf. Sie zeigt sich erst auf den zweiten Blick. Dann aber sehr eindrücklich. Dieser zweite Blick auf ihre dunklen Seiten legt je nach Perspektive echte Leichen, schleichende Verwesung, ansteckende Seuchen, unheimliches Grauen oder melancholische Verstimmungen frei, die in der Zusammenschau die Bibliothek als eine morbide Anstalt, als eine unheimliche Büchergruft erscheinen lassen. Wer jetzt meint, angesichts des digitalen Wandels habe die Bibliothek als Büchersammlung ohnehin keine Zukunft mehr und werde insoweit tatsächlich zu einem Friedhof ungelesener alter Bücher verkommen, die niemand mehr braucht, macht es sich zu leicht. Es kann nämlich sein, dass es gerade ihre dunklen und unheimlichen, ja melancholischen Seiten sind, die langfristig das Überleben der traditionellen Bibliothek sichern werden, weil diese Seiten einem zutiefst menschlichen Bedürfnis entsprechen und mit keiner noch so raffinierten Technik digitalisiert werden können.

Das klingt unwahrscheinlich? Begeben wir uns doch einfach in eine gut besuchte Bibliothek, wie wir sie in jeder größeren Universitätsstadt finden können. Vordergründig betrachtet, befinden wir uns an einem lebendigen Ort mit vielen jungen Menschen. Und weil Bibliotheken reichlich Gelegenheiten bieten, interessante Bekanntschaften zu machen, liegt zudem eine leicht erotische Spannung in der Luft. Von morbider Melancholie aber ist nichts zu bemerken. Wirklich? Schauen wir einfach noch etwas genauer, etwas schärfer hin und fragen uns: Was sehen wir heutzutage eigentlich im Publikumsbereich einer gut frequentierten Bibliothek? Diese Frage ist weniger trivial, als es zunächst scheint. Denn richtet man den Blick auf die Arbeitsplätze der Bibliotheksbesucher, dann fällt sofort auf, dass dort kaum noch Bücher, dafür aber umso mehr Notebooks, Smartphones und andere mobile Endgeräte zu finden sind, begleitet vielleicht noch von etwas Papier, meist Photokopien oder Ausdrucken von Foliensätzen. Was auch immer die Besucher im Lesesaal einer Bibliothek arbeiten, sie tun es jedenfalls nicht mehr mit den dort vorhandenen Büchern. Der reichhaltige Bestand an gedruckter Literatur, der noch vor einigen Jahren viele Leser geradezu magisch angezogen hat, scheint sie nicht mehr zu interessieren. Nur als Treffpunkt und Arbeitsplatz ist die Bibliothek attraktiv geblieben, obwohl man dank der digitalen Möglichkeiten das, was man dort tut, auch überall sonst genauso gut tun könnte.

Ein ähnliches Bild bietet sich bei einem Blick in die Hochglanzbroschüren bibliothekarischer Selbstdarstellung und die einschlägige Fachpresse: Wir sehen auf bunten Photos meist junge Leute mit Notebooks oder Mobiltelefonen hantieren. Die Bücherwand in ihrem Rücken – häufig bibliographische Nachschlagewerke oder Enzyklopädien mit einer ästhetisch besonders ansprechenden Reihenanmutung – ist zu einer bloßen Kulisse geworden, deren einzige Aufgabe es zu sein scheint, dem Betrachter zu signalisieren, dass es irgendwie um Bibliotheken und ihre Dienstleistungen geht.

Komplettiert wird diese Beobachtung durch ein anderes Phänomen, das vordergründig das genaue Gegenteil der demonstrativ inszenierten Digitalität des modernen Bibliothekskunden zu sein scheint. Die Rede ist von opulenten Bildbänden und Kalendern, die ‚schöne alte Bibliotheken' abbilden oder von Menschen handeln, die – wie auch immer – ‚mit Büchern leben'. Aber diese Bildbände und Kalender, so faszinierend sie gerade für den bibliophilen Betrachter auch sein mögen, strahlen eine merkwürdige Sterilität aus, wie sie sonst nur pornographischem Material eigen ist, denn die abgebildeten Bibliotheken sind meist menschenleer. Und die Bücher, mit denen vorgeblich ‚gelebt' wird, stehen etwas verloren in ihren Regalen wie wertvolles Porzellan, das zwar bewundert und abgestaubt, aber nur noch selten benutzt wird. Wer wirklich mit seinen Büchern lebt, bei dem bevölkern sie nicht bloß die Regale, bei dem breiten sie sich chaotisch auf Sessel, Tisch und Bett aus. Der echte Büchermensch legt viele kleine Lesezeichen in sie hinein und will sie immer bei der Hand haben. Von alledem aber sieht man in den Bildbänden oder auf den Kalenderblättern fast nichts. Und wenn manche dieser Bildbandbibliophilen zu allem Überfluss noch dazu übergehen, ihre Sammlung farblich zu sortieren, was ja meint, sie als bloßes Dekorationsobjekt zu behandeln, ist das deprimierende Bild komplett. Die schönen alten Bücher werden, und genau darin liegt das Pornographische, nur noch begafft, aber nicht mehr gelesen. Also auch dort, wo in privaten oder traditionsreichen Sammlungen die überkommene Buchkultur eigentlich besonders gepflegt werden sollte, sind Bücher nicht viel mehr als bloße Kulisse und schmückendes Beiwerk. Als Objekte der Lektüre jedoch haben sie offenbar keine Funktion mehr, weder in der Welt einer museal und dekorativ gewordenen Bibliophilie noch im digitalen Alltag der Gegenwart.

Aber einfach wegwerfen wollen wir sie auch nicht. Und tatsächlich ist die Bestürzung groß, wenn Bibliotheken als Einrichtungen geschlossen oder ganze Büchersammlungen vernichtet werden. Denken wir nur an den schrecklichen Brand der Herzogin Anna Amalia Bibliothek am 2. September 2004 in Weimar. Doch was genau regt die Menschen da eigentlich auf, wenn sie selbst kaum noch Bücher zur Hand nehmen? Die in Weimar verbrannten Bücher jedenfalls hätten sie wahrscheinlich niemals gelesen. Und wer wird die 50.000 verbrannten Bände, wenn er ehrlich ist, tatsächlich vermissen? Und trotzdem beklagt man den Verlust. Welche Funktion aber haben weitgehend ungelesene Bücher, die verstaubt und vergessen in den Bibliotheken herumstehen?

Angesichts des dynamischen Medienwandels hin zum Digitalen drängt sich die Metapher eines Friedhofes oder einer Büchergruft geradezu auf, um den Zustand der Bücher zu beschreiben, die bei vollen Lesesälen ungenutzt in den Regalen stehen. Dazu passt, dass unter Bibliothekaren die Rede von einem ‚toten Bestand' schon lange üblich und gängig ist, wenn es um selten bis gar nicht nachgefragte Literatur geht. Vielleicht haben Bibliotheken im digitalen Zeitalter ja die merkwürdige Aufgabe, nicht mehr benötigte Bücher wie auf einem Friedhof zwischen Bewahren und Vergehen, zwischen Erinnern und Vergessen in der Schwebe zu halten? Aus der Empörung, ja sogar Trauer, die das Verschwinden von Bibliotheken oft begleitet, spricht nicht nur eine gewisse Sympathie für Randständiges und Lebloses. Darin könnte auch die unausgesprochene Erwartung zum Ausdruck kommen, dass die Bibliotheken sich um diese eigentlich unnützen Bücher kümmern sollten, um sie der Nachwelt zu erhalten. Durch diese Erwartung bekommt die bibliothekarische Arbeit aber einen leicht morbiden Zug, der zunächst freilich, denkt man an den Begriff des ‚toten Bestands', auf einer rein metaphorischen Ebene verbleibt.

Zu dieser eher bildlich gemeinten Morbidität gehört auch die häufig zu findende Vorstellung, dass in Bibliotheken Lebende und Tote miteinander ins Gespräch kommen, wenn die Verstorbenen in ihren Schriften und Büchern uns anreden und wir durch unsere Lektüre ihre Gedanken und Worte zu neuem Leben erwecken und weiterentwickeln. Sehr passend kann man in älteren Lesesälen manchmal die Inschrift „Mortui vivos docent" (Die Toten belehren die Lebenden) oder eine ihrer Abwandlungen lesen. Aber nicht nur dort. Der gleiche Spruch findet sich auch auf den Wänden der Sektionssäle anatomisch-pathologischer Institute. Während in der Bibliothek der Geist des Verstorbenen den Leser belehrt, ist es auf dem Sektionstisch sein Körper, der Auskunft gibt. Diese Arbeitsteilung zwischen Büchermagazin und Prosektur aber ist brüchig, denn der Tod in der Bibliothek ist nicht nur eine Metapher, man kann ihm dort auch ganz real begegnen.

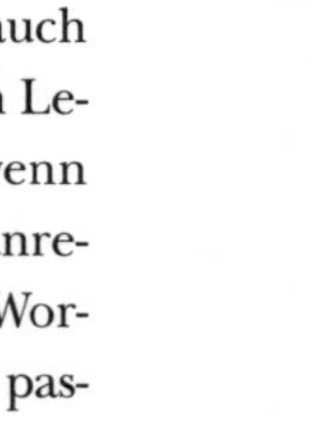

2.
Die Leiche im Lesesaal: Über Bibliotheksbestattungen und andere Arten, tote Menschen oder Teile von ihnen in einer Bibliothek aufzubewahren

Bibliotheksbestattungen

Der argentinische Dichter Jorge Luis Borges (1899–1986) hat Bibliotheken einmal als eine Art Paradies bezeichnet. Borges war ein großer Bücherenthusiast und ein leidenschaftlicher Leser. Unter den Autoren, die er besonders schätzte, war auch der schwedische Naturforscher und Theosoph Emanuel Swedenborg (1688–1772). In einem „Geistlichen Tagebuch" hat dieser die erstaunlichen Erlebnisse vieler visionärer Jenseitsreisen festgehalten. Auf einer seiner Reisen wurde ihm in der himmlischen Welt der Engel auch eine wunderbare Bibliothek gezeigt. Für einen Bibliophilen wie Borges war es sicher kein geringer Trost, dies zu lesen. Wenn aber die Bibliothek, sei es als Paradies oder irgendwo im Himmel, ein Ort jenseitiger Sehnsucht ist, erscheint es naheliegend, Menschen nach ihrem Tod dort zu bestatten. Solche Bibliotheksbestattungen gibt es tatsächlich!

Recht bekannt ist der Fall des Tiberius Iulius Celsus Polemaeanus (ca. 45 – ca. 120). Er wurde in Ephesus um das Jahr 120 in einer von seinem Sohn Gaius erbauten Bibliothek beigesetzt. Sein Sarkophag existiert immer noch. Dieser Vorgang ist sehr ungewöhnlich, weil die Römer ihre Toten innerhalb von Städten eigentlich gar nicht bestatten durften. Celsus konnte sich jedoch auf ein berühmtes Vorbild berufen. Im Spätsommer des Jahres 117 wurde in Rom die Urne des römischen Kaisers Marcus Ulpius Traianus (53–117) mitten auf dem Forum Traiani im Sockel der bereits einige Jahre zuvor fertiggestellten Trajanssäule beigesetzt. Bis heute steht diese Säule an ihrem Platz und beeindruckt den Betrachter. Auf ihren figurenreichen Reliefs sind Trajans erfolgreiche Kriege gegen die Daker dargestellt. Man muss allerdings schon ein Riese sein, um alle Szenen der rund 40 Meter hohen Säule erkennen zu können. Als Trajan starb, war das allerdings kein Problem. Seine Grabsäule wurde damals nämlich von den zwei sich gegenüberliegenden Gebäudetrakten der von ihm gestifteten Bibliotheca Ulpia eingerahmt. Von den Fenstern aus konnten die Besucher der Bibliothek die gesamte Säule überblicken. Indem Trajan sich in der Säule beisetzen ließ, machte er also nicht nur das Denkmal seiner erfolgreichen Kriegszüge, sondern zugleich auch die von ihm gegründete Bibliothek zu seiner Begräbnisstätte. Das war insoweit passend, als sein Grabmal gleichsam ein Stein gewordenes Bilderbuch war, das man von den Räumen der Bibliothek aus lesen konnte. Neben den Bibliotheksbestattungen von Celsus und Trajan gibt es noch vereinzelte Berichte über weitere Fälle. So erwähnt Plinius der Jüngere (ca. 61– ca. 115) in einem Brief zwei Beisetzungen in einer Bibliothek in Prusa, einer Stadt, die in der heutigen Türkei liegt.

Der Brauch der Bibliotheksbestattung war aber kein antikes Phänomen. So wurde der italienische Humanist Celio Calcagnini (1479–1541) in einem Marmorsarkophag über der Eingangstür der Bibliothek des Ferraneser Dominikanerklosters beigesetzt. Er hatte dem Haus seine überaus wertvolle und mit 1.249 Bänden für damalige Zeiten gewaltige

Bibliothek vermacht und dabei verfügt, dass sie für die Öffentlichkeit nutzbar sein sollte. Offenbar wollte er im Tod aber nicht ganz von seinen geliebten Büchern getrennt sein, denn die Inschrift auf dem Grabstein in der Bibliothek besagt, der Gelehrte habe sich dort begraben lassen, wo er zu Lebzeiten am liebsten weilte. Ebenfalls in Ferrara, in der kommunalen Bibliothek im Palazzo Paradiso, befindet sich seit 1801 das Grab des Dichters Ariost (1474–1533), nachdem seine Gebeine dorthin überführt wurden. Diese Bibliothek besitzt eine umfangreiche Sammlung von Werken und Drucken des Dichters; Ariost ruht hier also gleichsam zwischen seinen Schriften.

Diese Praxis lenkt den Blick auf Vorgänge, die sich 25 Jahre später in Weimar ereigneten. Es begann damit, dass im so genannten Kassengewölbe auf dem Jakobsfriedhof, einer Sammelgrabstätte für den etwas ärmeren Adel, der sich keine eigene Grablege leisten konnte, Platzmangel herrschte und daher Raum für neue Bestattungen geschaffen werden musste. In diesem Gewölbe wurde als nobilitierter, aber nicht vermögender Weimarer Hofrat auch Friedrich von Schiller (1759–1805) beigesetzt. Die Aufräumarbeiten boten eine gute Gelegenheit, den mittlerweile zu großem Ruhm gelangten Dichter würdiger zu bestatten. Allerdings war es nicht leicht, in dem „Chaos von Moder und Fäulnis", wie Zeitgenossen die Zustände im Kassengewölbe beschrieben haben, seine Gebeine ausfindig zu machen. Drei Nächte lang wurde unter den vielen Toten diskret nach Schillers sterblichen Überresten gefahndet. Die Ausbeute dieser Unternehmung war zunächst ein Sack mit 23 Schädeln. Durch einen Vergleich mit Schillers Totenmaske identifizierte man einen dieser Schädel als den des verehrten Dichters. Wo aber sollte man ihn jetzt bestatten? Der damalige Großherzog Karl August von Sachsen-Weimar-Eisenach (1757–1828) hatte die Idee, den

Schädel „für immer auf der Bibliothek in einem besonderen, anständig eingerichteten Behältnis“ aufzubewahren. So geschah es zunächst auch. Am 17. September 1826 wurde der Schädel im Sockel einer Schillerbüste im Rokokosaal der Bibliothek feierlich beigesetzt. Wenige Tage später jedoch nahm ihn Goethe (1749–1832), der damals als Bibliothekar amtierte, mit zu sich nach Hause und behielt ihn dort fast ein ganzes Jahr lang. In der Zwischenzeit wurden die übrigen Gebeine Schillers aus dem Kassengewölbe geborgen und in die Bibliothek gebracht. Sie wurden dort gereinigt und zu einem vollständigen Skelett zusammengelegt. Das Vorhaben, Schiller in der Bibliothek zu bestatten, wurde jetzt, wo der vollständige Leichnam exhumiert war, nicht weiterverfolgt. Man überführte die Gebeine auf den neuen Weimarer Friedhof und setzte sie dort in der Fürstengruft bei. Goethe übrigens wurde durch die eingehende Beschäftigung mit dem Schädel Schillers zu seinem berühmten Terzinen-Gedicht „Zum Siebzehnten September 1826“ angeregt. Das Gedicht ist besser bekannt unter dem Titel „Bei der Betrachtung von Schillers Schädel“. In dem Gedicht vergleicht Goethe die Knochen eines Menschen mit einer Schrift, die Eingeweihte zu lesen verstehen. Einen solchen Gedanken hatte er schon früher geäußert, als er in einem 1781 an Johann Caspar Lavater (1741–1801) gerichteten Brief Knochen als Text bezeichnete. Texte aber gehören eigentlich in eine Bibliothek. Im Fall von Schillers Gebeinen, die, wie wir heute wissen, von mehreren Personen, aber nicht vom Dichter selbst stammen, war der Aufenthalt nur von kurzer Dauer. Das Motiv für diese Art von Bibliotheksbestattung war jedoch das gleiche wie schon bei Ariost: Schrift und Körper, Buch und Bein sollen in der Bibliothek zusammengeführt werden, damit die Nachwelt einem großen Autor geistig und physisch zugleich begegnen kann.

Solche Gedanken gab es nicht nur im 19. Jahrhundert. 1963 gelangte eine Büste des aus Heidelberg stammenden Juristen und Dichters Alfred Mombert (1872–1942) an die Badische Landesbibliothek in Karlsruhe, die nicht nur eine umfangreiche Sammlung seiner Werke, sondern auch Momberts gut 3.700 Bände umfassende Nachlassbibliothek beherbergt. Unter der Büste, die heute in einem Lesesaal steht, befindet sich ein kleiner Kasten. In ihm soll die Asche des Dichters beigesetzt worden sein, als die Büste noch im Garten von Momberts Freund und Mäzen Hans Reinhart (1880–1963) in Winterthur aufgestellt war. Offenbar hat man also auch in Karlsruhe die Werke und die Grablege eines Dichters miteinander vereinigt. In dem von Walter Killy (1917–1995) begründeten Literaturlexikon kann man jedenfalls nachlesen, dass die Urne mit Momberts Asche immer noch in dem Kästchen unter der Büste steht und sein Grab sich folglich in der Badischen Landesbibliothek selbst befindet. Allerdings soll nicht verschwiegen werden, dass glaubhaft berichtet wird, Momberts Asche sei, bevor die Büste an die Bibliothek abgegeben wurde, über den Gipfeln der Alpen ausgestreut worden. Da die vermeintliche Urne nicht geöffnet werden kann, um zu prüfen, wie es sich tatsächlich verhält, muss die Sache im Unklaren bleiben. Dass sich aber die Legende um Momberts Grabstätte in der Bibliothek hartnäckig hält, ist immerhin ein starkes Indiz dafür, dass eine Bibliotheksbestattung zumindest für Literaten plausibel und angemessen zu sein scheint.

Den bisher geschilderten Fällen ist gemein, dass die Beisetzung jeweils in einer schon vorhandenen Bibliothek erfolgte. Davon zu unterscheiden ist die Situation, dass eine Bibliothek an einem Ort errichtet wird, an dem sich bereits Gräber befinden. So wurden 2010 in Ansbach bei Erweiterungsarbeiten für die dortige Hochschulbibliothek 70 Gräber eines alten Soldatenfriedhofs entdeckt. Soweit die freigelegten Skelette im Boden verbleiben und einfach überbaut werden, sind sie für den normalen Bibliotheksbenutzer verschwunden, denn wer rechnet schon damit, dass die Bibliothek auf einem alten Friedhof steht? Anders verhält es sich jedoch, wenn profanierte mittelalterliche Kirchen als Bibliotheken genutzt werden. Im Mittelalter nämlich waren Kirchen beliebte Bestattungsplätze, weil man sich durch eine Grablege in der Nähe von Heiligenreliquien des eigenen Seelenheils in besonderer Weise versichern wollte.

Man darf daher unter dem berühmten Bibliothekssaal der Paulinerkirche in Göttingen oder in der ehemaligen Franziskanerkirche im brandenburgischen Jüterbog, die als Stadtbibliothek genutzt wird, noch einige Gräber vermuten. In Göttingen wurde sogar noch Johann Lorenz von Mosheim (1693–1755), der erste Kanzler der Universität, in der bereits für universitäre Zwecke genutzten Kirche bestattet. Sein Epitaph, nicht jedoch sein Grab, wurde 1822 in die St. Nicolai Kirche versetzt, zehn Jahre nachdem die Bibliothek bereits in die Kirche umgezogen war. Die meisten mittelalterlichen Gräber sind in den zu Bibliotheken umgewandelten Kirchen nicht mehr zu erkennen. Nur diejenigen, die sich ein wenig mit Friedhofs- und Bestattungsgeschichte beschäftigen, wissen um die Toten unter den Regalen. Manchmal aber sind die Gräber nicht zu übersehen. So fällt in der Emdener Johannes a Lasco Bibliothek, die in der dortigen Großen Kirche untergebracht ist, das prächtige Grabmonument von Graf Enno II. von Ostfriesland (1505–1540) jedem Bibliotheksbesucher sofort auf.

Wenn von Gräbern in Bücherkirchen die Rede ist, darf die alte Dominikanerkirche in Maastricht nicht fehlen. Sie beherbergt zwar keine Bibliothek, dafür aber eine große Buchhandlung. Die vielen in den Kirchenboden eingelassenen Grabplatten sind immer noch gut zu erkennen und beeindrucken die Kundschaft. In einem opulenten Bildband über schöne Buchhandlungen, der auch das Geschäft in der Maastrichter Dominikanerkirche vorstellt, ist zu lesen, dass bei Ausschachtungsarbeiten für Unterkellerungen tatsächlich mehrere Gräber gefunden wurden. Merkwürdig ist übrigens, dass die im besagten Bildband veröffentlichten Aufnahmen im Stil einer sterilen Architekturphotographie gemacht wurden. Zu sehen sind die im Boden befindlichen Grabsteine in einem fast menschenleeren Raum, nicht aber in einer von vielen Kunden belebten Buchhandlungskulisse. Gezeigt werden Grabplatten neben riesigen Bücherwänden in einem leeren Kirchenschiff. Bücher und Gräber schweigen sich an.

Die Bibliotheksleichen, die wir bisher kennengelernt haben, wurden alle ordentlich beigesetzt. Auch wenn es sich bei einer Bibliothek um einen außergewöhnlichen Bestattungsort handelt, dem – aufgrund der Nähe zwischen Grab und Werk – gerade bei Dichtern eine besondere Bedeutung zukommt, so ändert dies doch nichts an der Tatsache, dass wir es in den geschilderten Fällen mit einer normalen Grabstätte zu tun haben. Daneben gibt es aber auch die eher befremdliche Praxis, echte menschliche Leichen oder wenigstens Teile von ihnen als regulären Bestand in der Bibliothek zu verwahren.

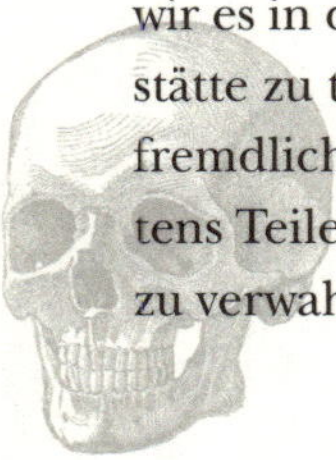

Mumien in der Bibliothek

Wer den wunderbaren Bibliothekssaal der Stiftsbibliothek von St. Gallen besucht, findet dort neben vielen alten Büchern auch ein kleines Ensemble bunt bemalter ägyptischer Holzsärge. Zuerst hält man sie für eine ausgefallene Dekoration. Der Eindruck täuscht, denn sie gehören zu einer unscheinbaren Vitrine, wie sie auch für die Ausstellung von

Handschriften und alten Drucken verwendet wird. In dieser Vitrine liegt vor den staunenden Augen der Bibliotheksbesucher die teilweise ausgewickelte Mumie der ägyptischen Priestertochter Schepenese (7. Jh. v. Chr.). Sie befindet sich seit 1820 in der Bibliothek. Zunächst nur eine Leihgabe, wird sie seit 1836 als ordentlich inventarisierter Bestand geführt. Schepenese ist als Bibliotheksmumie kein kurioser Einzelfall. In alten Reiseberichten und Bibliotheksbeschreibungen ist recht häufig von Mumien zu lesen. Und auch heute gibt es einige wenige Bibliotheken, die Mumien besitzen und diese in den meisten Fällen auch öffentlich zeigen. Eine dieser Bibliotheken ist die Bibliotheca Theresiana in Wien. Sie nennt gleich zwei ägyptische Mumien ihr Eigen, die ebenfalls im 19. Jahrhundert an die Bibliothek gelangten und zu einer umfangreicheren Sammlung ägyptischer Altertümer gehören, von denen aber neben einigen Papyri allein die Mumien in der Bibliothek verwahrt werden. Sie befinden sich heute in einem großen Schaukasten in der Mitte eines kleinen, mit hohen Bücherregalen gefüllten Raums gleich am Eingang der Bibliothek. Ebenfalls berühmt ist die Mumie in der Bibliothek des Mechitaristenklosters auf der Insel San Lazzarro bei Venedig. Sie gilt als eine der besterhaltenen ägyptischen Mumien überhaupt. Seit sie im Jahr 1825 in die Bibliothek gekommen ist, fasziniert sie die Besucher und wird in älteren Reisebeschreibungen regelmäßig als besondere Attraktion erwähnt. Ähnliche Anziehungskraft besitzen die drei Mumien, die in der musealen Bibliothek des ehemaligen Karmelitenklosters in Lissabon zu sehen sind. Neben einer eher unscheinbaren ägyptischen Mumie aus der Ptolemäerzeit in ihrem Holzsarg finden wir dort zwei peruanische Mumien, die, in je eigenen Vitrinen effektvoll auf Augenhöhe gehoben, den Betrachtern ihre unheimlich verzerrten Gesichter zuwenden.

Damit haben wir neben Schepenese in der St. Galler Stiftsbibliothek schon sechs weitere Mumien kennengelernt, die in einer Bibliothek gezeigt werden. Offenbar liegt hier eine besondere Art und Weise vor, Mumien außerhalb von Museen zu sammeln und öffentlich auszustellen. Dabei ist die Praxis der Bibliotheksmumie kein typisches Phänomen des 19. Jahrhunderts, sondern auch im 20. Jahrhundert noch lebendig. Vor ein paar Jahren erst hat der Architekt und berühmte Innenausstatter Pariser Nobelhotels Jacques Garcia (geb. 1947) seine Bibliothek auf Château du Champ de Bataille in Normandy um eine kleine Mumie bereichert. Und wenn man dem Versteigerungskatalog seiner Sammlung aus dem Jahre 1953 glauben kann, besaß auch der französische Schriftsteller Pierre Loti (1850–1923) zwei Mumien in der Privatbibliothek seines Hauses in Rocheford.

Es wurde bereits erwähnt, dass in älteren Reiseberichten und Bibliotheksführern immer wieder Bibliotheksmumien zu finden sind. Viele dieser Exemplare sind heute verschollen oder wurden an Museen abgegeben. Einige von ihnen wollen wir uns näher ansehen. Beginnen wir in Cambridge. Dort besaßen sowohl die Universitätsbibliothek als auch die Bibliothek von Trinity College eine Mumie in ihrer Sammlung. In Paris lassen sich wenigstens vier Bibliotheksmumien nachweisen. Eine befand sich in der Abtei Saint Geneviève. Die beiden Mumien in der Bibliothek des Cölestinerklosters sind wohl den Wirren der Französischen Revolution zum Opfer gefallen. Auch die Nationalbibliothek besaß wenigstens eine Mumie und einen Mumienkopf. Ein Zeitungsbericht in „Libé-Soir“ vom 13. Oktober 1945, wonach eine von ihnen die Mumie der Kleopatra und infolge unsachgemäßer Lagerung während des Krieges derart verrottet gewesen sein soll, dass man sie im Garten der Bibliothek habe bestatten müssen, gehört aber wohl dem Reich der Legende an. Auch in Deutschland gab es mehrere Bibliotheksmumien. Von zwei Exemplaren in der damaligen Fürstlichen Bibliothek zu Kassel berichtet der „Brockhaus“ in seiner 8. Auflage (1833ff.). Es soll sich dabei um so genannte „weiße Mumien“ gehandelt haben. Im „Vierten Lesebuch für die Baslerischen Schulen“ von 1825 lesen wir dazu:

> „Von diesen Aegyptischen Mumien sind die so genannten weißen oder arabischen ganz verschieden. Es werden nämlich Reisende in den Sandwüsten Arabiens zuweilen von einem Wirbelwinde überfallen, vom Sande bedeckt, und unter diesem so ausgetrocknet, daß sie unverweslich bleiben. Zwei dergleichen, die sehr gut erhalten sind, werden in der Bibliothek zu Cassel aufbewahrt. Sie haben gar keinen Geruch, und wiegen nur den vierten Teil so schwer, als Körper von dieser Größe wiegen sollten.“

Richtig prominent war die Mumie in der Leipziger Ratsbibliothek, die in vielen Reisebeschreibungen erwähnt. wird. Sie gelangte bereits 1693 an die Bibliothek und muss sehr beeindruckend gewesen sein. Der lutherische Theologe Friedrich Gottlieb Kettner (1670–1739) hat sogar ein gelehrtes Buch über sie geschrieben, das in zwei Auflagen erschienen ist. Leider ist der Verbleib dieses Exemplars heute unbekannt.

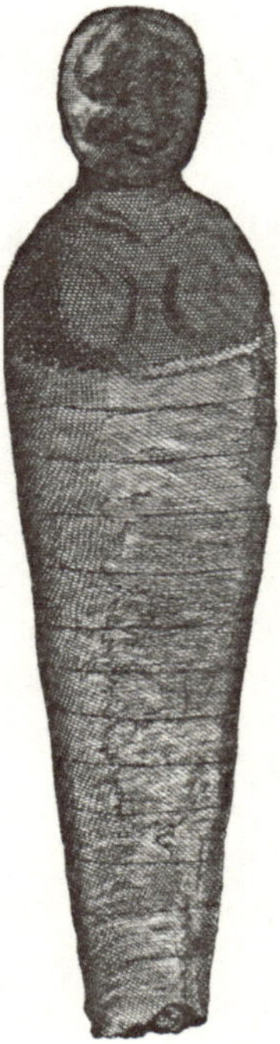

Die Leipziger Bibliotheksmumie aus Kettners Mumienbuch von 1703.

Bereits ab 1651, also mehr als vierzig Jahre vor der Leipziger Mumie, ist die Existenz einer Mumie in der Lübecker Ratsapotheke belegt. Sie wurde dort zur Herstellung einer Mumia genannten Arznei verwendet. Den bei der Balsamierung verwendeten Harzen schrieb man nämlich eine heilende Wirkung zu. Im Jahre 1811 wurde die Mumie, die noch leidlich gut erhalten war und keinen pharmazeutischen Zwecken mehr diente, an die Stadtbibliothek abgegeben. Dort verblieb sie gut 70 Jahre, bis sie an das örtliche Völkerkundemuseum kam, wo sie sich noch heute befindet. Um die Mumie in der Bibliothek öffentlich zeigen zu können, wurde sie mit einem neuen Sarg und einem Mumientuch im ägyptisierenden Stil der damaligen Zeit ausgestattet.

Zu besonderen literarischen Ehren gelangte eine Mumie in Breslau. Der Dichter Andreas Gryphius (1616–1664) sezierte dort im Jahr 1658 eine Apothekenmumie und veröffentlichte darüber vier Jahre später unter dem Titel „Mumiae Wratislavienses“ einen ausführlichen lateinischen Bericht. Dieses Buch, das nur in seiner Erstauflage vorliegt und nie übersetzt oder neu herausgegeben wurde, ist nur wenigen Kennern und Liebhabern älterer Mumienbücher bekannt. Die von Gryphius beschriebene Mumie kam 1711 schließlich an die Bibliothek der Breslauer Kirche St. Maria Magdalena und wurde so zur Bibliotheksmumie. Der Göttinger Naturforscher Johann Friedrich Blumenbach (1752–1840) erwähnt sie im zweiten Teil seiner 1811 erschienenen „Beyträge zur Naturgeschichte“.

Unheimlich ist der Fall einer Mumie, die auf dem Dachboden der Bibliothek der französischen Stadt Fontainebleau aufbewahrt wurde. Ihretwegen soll es beim Bibliothekspersonal zu unerklärlichen Erkrankungen, ja sogar zu einem Selbstmord gekommen sein. Das berichtet jedenfalls die Zeitung „Le Parisien“ in ihrer Ausgabe vom 4. Mai 2013. Diese

Die spätere Breslauer Bibliotheksmumie aus den „Mumiae“ von Andreas Gryphius.

Mumie, die auch unter dem wenig schmeichelhaften Namen La Belphégor de Fontainebleau bekannt ist, wurde jetzt an ein Museum abgegeben.

Bibliotheksmumien gibt es nicht nur in Europa. Auch in Amerika haben mehrere Bibliotheken echte Mumien in ihren Sammlungen. Bereits die erste Spur einer ägyptischen Mumie auf dem amerikanischen Kontinent führt in eine Bibliothek. Die Library Company of Philadelphia besitzt seit 1767 eine Mumienhand. Vollständige Mumien finden wir im Library Museum in Cazenovia/NY, in der Hibbard Rare Book Collection in Evanston/Ill., in der Warren Hunting Smith Library in Geneva/NY und in der Dinand Library des Holy Cross College in Worchester/MA. Von früher einmal vorhandenen Bibliotheksmumien in Minneapolis, New Orleans,

Omaha und San Francisco geben ältere Zeitungsberichte Nachricht.

Skelette, Schädel und andere Leichenteile in bibliothekarischen Sammlungen

Neben Mumien sind auch Totenschädel oder Skelette zwischen den Bücherregalen einer Bibliothek anzutreffen. Allerdings fehlt ihnen im Gegensatz zu den Mumien die besondere Faszination eines unverwesten und zugleich sehr alten Körpers, bei dem die Persönlichkeit des Verstorbenen noch eindrucksvoll durchscheint. Daher sind literarische Nachrichten über Bibliotheksskelette, die im Gegensatz zu den Mumien heute praktisch verschwunden sind, viel seltener, versteckter und weniger ausführlich. Eine Ausnahme stellen hier die beiden kunstvoll präparierten Skelette in der Nürnberger Stadtbibliothek dar, an denen neben den Knochen auch noch die Muskeln und die Gefäße sichtbar waren. Johann Jacob Leibnitz (1653–1705), Diakon an der Nürnberger St. Sebaldus-Kirche und Sohn des damaligen Stadtbibliothekars Justus Jacob Leibnitz (1611–1683), beschreibt sie in einer 1674 erschienenen akademischen Preisschrift über die Bestände und Merkwürdigkeiten der Nürnberger Stadtbibliothek. Die Skelette, die der Anatom und Stadtphysikus Volcher Coiter (1534–1576) um 1570 präparierte und der Arzt und Naturforscher Johann Georg Volkamer der Ältere (1616–1693) im Jahre 1669 renovierte, gelangten später an das Anatomische Theater der Stadt. Aber noch 1801 erwähnt der Polyhistor Christoph Gottlieb von Murr (1733–1811) die Skelette in seiner „Beschreibung der vornehmsten Merkwürdigkeiten in der Reichsstadt Nürnberg" und nennt ihren früheren Platz in der Bibliothek, nämlich „in der obern Abtheilung des zweyten Ambulacri".

Ein Skelett in der Nürnberger Stadtbibliothek aus der 1674 erschienenen Preisschrift von Johann Jacob Leibnitz.

Gleich mehrere Skelette in den Bibliotheken an der Universität Cambridge erwähnt John James Smith (1807–1883), Fellow am Caius College, im zweiten Band seines 1840 erschienenen „Cambridge Portfolio“, wobei er es an anekdotischen Details nicht fehlen lässt. So soll das Skelett in der Bibliothek von King’s College ein ehemaliger Bücherdieb gewesen sein. In Clare Hall wollte ein Gelehrter auch nach seinem Tode in der Bibliothek verbleiben, womit sich das dortige Schauskelett gewissermaßen als Sonderfall einer Bibliotheksbestattung erweist. Das Skelett in Jesus College soll von einem Studenten stammen, der sich in der Bibliothek das Leben genommen hat. Smith erzählt diese Geschichten zwar mit einem gewissen Augenzwinkern. Interessant ist, dass er dem Vorhandensein von Skeletten in Bibliotheken aber dennoch eine morbide Bedeutung zuschreibt, wenn er sie als ein „Memento mori", als eine Erinnerung an die eigene Sterblichkeit, versteht. – Mit dem Hinweis, dass auch von einer Hamburger Bibliothek das Vorhandensein eines Skelett überliefert ist, dass in der Stadtbibliothek zu Lindau das Skelett eines hingerichteten Verbrechers und in der Zwickauer Ratsschulbibliothek das Skelett einer Kindsmörderin aus Jena gezeigt wurden, wollen wir diesen Bereich der Bibliotheksleichen verlassen.

Dass Schädel in Bibliotheken häufig sind, darf mit guten Gründen vermutet werden, denn sie werden sehr oft auf Vanitas-Stillleben zusammen mit Büchern oder als Schreibtischutensil der Gelehrtenstube abgebildet. Heilige wie Hieronymus (347–420) begleitete er bei ihrer frommen Lektüre.

Vielleicht ist das der Grund, warum die Verfasser älterer Bibliotheksbeschreibungen Totenschädel nicht besonders erwähnenswert fanden. Dass sie für die geistige Arbeit anregend sind, zeigt gut das uns schon bekannte Beispiel Goethes, der den vermeintlichen Totenschädel seines Freundes Friedrich Schiller für längere Zeit zu sich nach Hause nahm und sich von ihm literarisch inspirieren ließ. In medizinischen Bibliotheken werden Schädel zu praktischen Zwecken ausgeliehen, damit Studierende daran ihr anatomisches Wissen schulen können. Bis vor einigen Jahren sollen dafür noch echte Schädel verwendet worden sein, glaubt man den Anekdoten, die im Umkreis medizinischer Bibliotheken kursieren.

Der heilige Hieronymus bei der Arbeit; ein Schädel steht neben seinen Büchern. Stich von Albrecht Dürer aus dem Jahr 1514.

Jedenfalls besaß die Bibliothek der Medizinischen Fakultät zu Paris eine größere Kollektion als Teil einer umfangreichen Sammlung anatomischer Präparate. Solche Präparate dienen natürlich zuallererst wissenschaftlichen Zwecken. Doch hat bereits Smith in seinem „Cambridge Portfolio“ auf den morbiden Charakter solcher Sammlungen hingewiesen. Im Fall von Schillers Schädel tritt mit der reliquienhaften Aura der leiblichen Anwesenheit einer berühmten Person noch ein drittes Motiv hinzu. Das mag auch der Grund sein, warum sich in der New York Public Library – als Teil der dem Dichter Percy Bysshe Shelley (1792–1822) und dessen Kreis gewidmeten Carl H. Pforzheimer Collection – einige Fragmente von Shelleys Schädel befinden. In diese Kategorie gehört wohl auch der mumifizierte Finger Galileo Galileis (1564–1642), der bis 1841 in einem Schauglas in der Bibliotheca Laurenziana in Florenz zu sehen war. Geschmackvoller ist da schon, dass das Herz des Aufklärungsphilosophen Voltaire (1694–1778) in einer kleinen Kapsel im Sockel seiner Statue in der Französischen Nationalbibliothek verwahrt wird.

Anthropodermische Einbände

Der Tod ist in der Bibliothek also in vielfacher Weise gegenwärtig. Wir sahen ihn als Grabmal und morbide Dichterreliquie, als ägyptische Mumie, als Skelett und Totenschädel oder als anatomisches Präparat. Eine noch engere Verbindung aber gehen Tod und Buch ein, wenn Bücher statt in normales Leder in echte Menschenhaut eingebunden werden. Bei diesen anthropodermischen Einbänden, wie sie die Buchwissenschaft nennt, geht es nicht um abstoßende Nazi-Reliquien aus dem Umkreis der Konzentrationslager. Vielmehr sind Menschenhauteinbände ein recht altes Phänomen, das schon für das 16. Jahrhundert belegt ist. Die meisten Stücke, die heutzutage in Bibliotheken zu finden sind, stammen aber aus dem 17. bis 19. Jahrhundert. Menschenhauteinbände wurden für drei Typen von Büchern favorisiert. Zu nennen sind zunächst Abhandlungen medizinischen Inhalts aus dem

Ein Kupferstich aus dem „Totentanz“-Zyklus von Hans Holbein dem Jüngeren.

Umkreis der anatomischen Theater. Ihre früheren Besitzer fanden es offenbar passend, ein Werk, das Aufbau und Funktionsweise des menschlichen Körpers erklärt, in echte Menschenhaut einbinden zu lassen, zumal das Einbandmaterial nach einer Sektion ohnehin leicht zur Hand war. Neben medizinischen Titeln sind als weiterer Typ der Menschenhautbücher Werke morbiden Inhalts zu nennen. Verschiedene Ausgaben der „Totentanz“-Bilder von Hans Holbein dem Jüngeren (1497/98–1543) werden in diesem Zusammenhang häufiger genannt.

Den morbiden und den anatomischen Menschenhautbänden ist gemeinsam, dass das Einbandmaterial in beiden Fällen zum Inhalt des Buches passt. In der Einbandkunde wird bei einer solchen Übereinstimmung mit dem Text von einem „redenden Einband" gesprochen; er stimmt den Leser auf den Inhalt des Buches ein. Es war aber noch von einer dritten Art der Menschenhautbücher die Rede. Bei diesen Büchern spielt die Individualität des Hautspenders eine besondere Rolle. Das Buch soll nicht in die Haut irgendeines, sondern in die Haut eines ganz bestimmten Menschen eingebunden werden. Die jeweiligen Motive freilich, die bei der Wahl des ungewöhnlichen Einbandstoffes eine Rolle spielen, sind dabei ganz unterschiedlich. Es kann die Haut eines zu Lebzeiten geliebten Menschen sein, in die man ein Buch fast schon aus Pietät einhüllt. Es kann aber auch, wie es in England belegt ist, die Haut eines hingerichteten Verbrechers sein, die ein Werk über seine Untaten umschließt. Was im ersten Fall ein Zeichen liebevoller Erinnerung ist, wird im zweiten Fall zu einer menschenverachtenden Erniedrigung.

Wie fühlt sich ein Menschenhautbuch eigentlich an? Die Antwort auf diese Frage, die beim Lesen bestimmt aufgekommen sein mag, findet sich in einem 1910 im „Archiv für Buchbinderei" publizierten Aufsatz eines Praktikers, der weiß, wovon er spricht. Dort beschreibt der Buchbinder Paul Kersten (1865–1943), der selbst mit Menschenhaut gearbeitet hat, das besondere Material wie folgt:

> „Die Narbung ist eine ganz merkwürdige, sie ist gewissermaßen eine Mischung von Maroquin und Schweinsledernarbung, der Rücken hat die gröbere Narbung, nach Brust und Bauch zu ist sie mehr saffianartig. Die Festigkeit ist eine sehr große … sonst fühlt es sich wie jedes andere Leder an, und wer es oberflächlich betrachtet und befühlt, wird der Meinung sein, Maroquin vor sich zu haben."

Die von Kersten beschriebene Unauffälligkeit dieser Bücher mag wohl der Grund sein, dass in den Bibliotheken nur relativ wenige Stücke bekannt sind. Es ist nicht auszuschließen, dass gerade bei der älteren medizinischen Literatur noch etliche anthropodermische Bände unerkannt in den Regalen stehen. Einige Bücher jedoch werden in der bibliophilen Literatur immer wieder genannt. Dazu gehört ein Band aus der Bibliothek der Harvard Law School. Es handelt sich um ein juristisches Werk mit dem Titel „Practicarum quaestionum circa leges regias Hispaniae primae partis novae collectionis regiae". Das Buch wurde 1605 in Madrid gedruckt. In der Titelaufnahme des Online-Kataloges konnte man bis vor kurzem lesen: „Manuscript note at end claims that the binding is the skin of the former owner, Jonas Wright." Mittlerweile weiß man als Ergebnis aufwändiger Proteinanalysen, dass das Buch in Wirklichkeit bloß in Schafspergament eingebunden ist. Zweifellos echt hingegen sind die Bände, die die Brown University Library in Providence/Rhode Island besitzt, nämlich zwei Ausgaben von Hans Holbeins „Totentanz" (Drucke von 1816 und 1898), die ja auch viel besser zu dem makabren Einband passen als ein spanisches Jurabuch. Hinzu kommt ein Exemplar des anatomischen Kompendiums von Andreas Vesalius (1514–1564) aus dem Jahre 1568. In der „staff view" des Online-Kataloges findet sich der trockene Hinweis: „Bound in human skin over wooden boards." Dieses Exemplar ist ein gutes Beispiel für den medizinisch-anatomischen Menschenhautband. Jedoch sollen nicht nur amerikanische, sondern auch deutsche Bibliotheken Beispiele anthropodermischer Einbände besitzen. Glaubt man beiläufigen Mitteilungen in der Fachliteratur, so finden sich entsprechende Bücher im Leipziger Buchmuseum, das zur Deutschen Nationalbibliothek gehört, sowie in der Staats- und Universitätsbibliothek Göttingen. Bei den Göttinger Menschenhautbüchern soll es sich um eine vierbändige Ausgabe der Schriften des Hippokrates handeln.

Alle hier vorgestellten Beispiele von Menschenhauteinbänden sind dem Bereich des so genannten Alten Buches zuzurechnen. Heute würde man einen solchen Einband wohl inakzeptabel finden. Jedenfalls ist es um diese sehr spezielle Form der Begegnung von Tod und Buch in der bibliophilen Fachliteratur sehr ruhig geworden. Das kennerhafte Behagen am kuriosen Material, wie man es früher noch bei Paul Kersten oder anderen bibliophilen Autoren finden konnte, ist heute verschwunden.

Die Bibliothek als Friedhof und Wunderkammer

Die Büchergruft, die im ersten Kapitel noch als eine harmlose Metapher verstanden werden konnte, hat sich als real erwiesen. Wir haben zwischen den Bücherregalen den Tod in Gestalt von Grabstätten, Mumien und sogar Menschenhautbüchern gefunden. Die Vielfalt der unterschiedlichen Phänomene und die relative Häufigkeit ihres Vorkommens sind erstaunlich. Unwillkürlich fragt man sich, ob dem nicht vielleicht ein verbindender Gedanke zugrunde liegt. Eine Antwort auf diese Frage lässt sich aus der auffälligen Gemeinsamkeit von Buch und Leichnam ableiten. Beide nämlich sind mehr als ein körperlicher Gegenstand, mehr als ein bloßes Objekt. Ein Buch etwa ist nicht einfach nur bedrucktes Papier, sondern zugleich auch die dauerhafte Verkörperung eines ganz individuellen Geisteswerkes. Es hat gewissermaßen eine Seele, die auch der Leichnam besaß. Rein materiell betrachtet, könnten wir ihn zwar wie ein Stück Fleisch oder einen Tierkadaver behandeln. Dass wir dies aber nicht tun, liegt daran, dass wir in dem Toten immer auch den Menschen sehen, der er einmal war. In der Leiche und auch in Leichenteilen liegt ein Rest seiner Persönlichkeit. Die in den letzten Jahren gerade im Museumsbereich intensiv geführte Diskussion, ob man menschliche Überreste, mögen sie auch sehr alt sein, überhaupt ausstellen darf, ist Ausdruck dieser Sensibilität für die besondere Würde der Toten.

Buch und Leichnam vermitteln in je unterschiedlicher Weise einen sehr realen Zugang zu einem toten Menschen. Sie bieten damit die Möglichkeit, einem Verstorbenen physisch nahe zu sein und in gewisser Weise auch mit ihm in Kontakt zu treten. Die Faszination von Friedhöfen oder Reliquien etwa hat viel mit dieser einladenden Präsenz der Toten zu tun. Wir können auch sehr berühmte Menschen an ihren Gräbern meist ohne größere Hindernisse aufsuchen. Auf dem Friedhof sind sie nach ihrem Tod für jedermann erreichbar, was sie zu Lebzeiten ganz und gar nicht waren. In dieser Hinsicht sind Friedhöfe mit Bibliotheken vergleichbar, denn dort können die Bücher bekannter Autoren ebenfalls von jedem gelesen werden. Und da sowohl auf dem Friedhof als auch in einer Bibliothek längst Verstorbene im Gedächtnis der Nachwelt präsent bleiben, haben nicht nur Buch und Leichnam, sondern auch Bibliothek und Friedhof recht viele Gemeinsamkeiten. Wir hatten schon gesehen, dass es durchaus plausibel ist, eine Bibliothek als Friedhof zu nutzen und Menschen, die eine besondere Beziehung zu Büchern und Literatur haben, dort zu bestatten. Selbst für den Menschenhauteinband könnte man aus diesem Blickwinkel noch Verständnis aufbringen – zumindest dann, wenn damit der außergewöhnlichen Bibliophilie eines Verstorbenen Ausdruck verliehen werden soll.

Wie aber fügen sich Bibliotheksmumien und Skelette in diese Friedhofsmetaphorik ein? Wenn Verstorbene in einer Bibliothek nicht einfach bestattet, sondern wie ein Ausstellungsstück gezeigt werden, geht es wohl kaum um ein pietätvolles Totengedächtnis. Eher drängt sich der Eindruck auf, hier werde vor allem die Lust an der Betrachtung eines skurrilen und unheimlichen Sammlungsgegenstandes befriedigt. Für diese Sicht spricht, dass viele Bibliotheksbesucher eine im Bestand ausgestellte Mumie tatsächlich nur als Sensation wahrnehmen dürften. Die Leiche im Lesesaal sinkt zur bloßen Attraktion herab.

Hier sollte jedoch berücksichtigt werden, dass Mumien und Skelette nicht nur spektakuläre Schaustücke darstellen, sondern auch als Wissensobjekte dienen können. In dieser Funktion sind sie meist überhaupt erst in die Bibliothek gekommen. Wenn wir sie heute noch dort finden, dann erinnern sie an eine Epoche der Bibliotheksgeschichte, in der die uns geläufigen Gedächtnisinstitutionen wie Archiv, Museum und Bibliothek noch nicht scharf voneinander getrennt waren. Zusammen mit anderen Objekten wie Münzen, Globen, Gemälden oder Kupferstichen, die es in älteren Bibliotheken ja auch noch gibt, verweisen Mumien und Skelette auf die Wurzeln des gelehrten Büchersammelns in den Kunst- und Wunderkammern der Renaissance und des Barock. Zudem können wir an ihnen, wenn wir uns ihre Funktion als Wissensobjekte bewusst machen, auch ein Stück Buchgeschichte ablesen.

Als in der Mitte des 15. Jahrhunderts der europäische Buchdruck erfunden wurde, führte dies bald zu einem sprunghaften Anstieg der Buchproduktion. Umfassten Bibliotheken im Handschriftenzeitalter meist recht kleine Sammlungen, die über wenige hundert Folianten kaum hinauskamen, konnte man im Druckzeitalter leicht ganze Säle mit Büchern füllen. Und das tat man auch. Da es aber Bücher zu allen möglichen und unmöglichen Themen gab, bot sich die Bibliothek in besonderer Weise dazu an, in einem universalen Wissenskosmos die Welt in Form von

Büchern abzubilden. Die prunkvollen Saalbibliotheken mit ihrer systematischen Ordnung sind ein sinnfälliger Ausdruck dieser Idee. Allerdings lässt sich die Welt nicht vollständig zwischen zwei Buchdeckeln darstellen. Daher wurde der Kosmos der Bücher ergänzt durch besonders merkwürdige, interessante oder seltene Sammlungsstücke aus Kunst, Natur und Handwerk. Die Zeit der Wunderkammer war geboren.

Wer sammelt, der vereinigt Ähnliches, das sich im Detail unterscheidet. Dieser Unterschied ist nicht nur eine unerschöpfliche Quelle der Faszination für den Kenner und Liebhaber, er ist auch der Ausgangspunkt für Klassifikationen und Beschreibungen aller Art. Bücher und Bibliotheken boten sich hier in besonderer Weise als Vorbild für die Anordnung und die Aufbewahrung der Sammlungsstücke in den Wunderkammern an, reicht die Tradition des Sammelns und Ordnens bei ihnen doch bis in die Antike zurück. Vor allem die Naturalien wurden nach dem Vorbild einer Bibliothek in Regalen und Schränken ausgestellt und angeordnet. Ließen sich Steine noch recht problemlos aufbewahren, musste die belebte Natur fixiert und vor der Verwesung bewahrt werden. Sie wurde daher entweder in Gestalt von Knochen oder in getrockneter Form gesammelt. Man denke nur an die Herbarien, die sehr gerne in Buchform anlegt wurden. Gerade die so genannten Buchherbarien machen den Vorbildcharakter des Bibliothekarischen für das Sammeln von Naturalien besonders sinnfällig. Mumien und später auch besonders konservierte anatomische Präparate müssen in diesem sammlungsgeschichtlichen Kontext gesehen werden, denn nur mit ihnen war es möglich, auch den menschlichen Körper in die Kollektion einer Wunderkammer zu integrieren. Dass gerade Mumien darüber hinaus noch sehr alt waren und einer geheimnisvollen untergegangenen Kultur entstammten, erhöhte ihre Faszinationskraft als Sammlungsgegenstand nicht unerheblich.

In der Wunderkammer, zu der in aller Regel auch eine Bibliothek gehörte, waren die Bücher und die Sammlungsstücke vielfältig aufeinander bezogen, denn die Bücher behandelten die unterschiedlichen Themen der Naturgeschichte, die zum Verständnis der gesammelten Objekte notwendig waren. Zugleich beschrieben sie diese Objekte, um sie über den engen Raum einer konkreten Sammlung hinaus der gelehrten Fachwelt bekannt zu machen. Aus der Zeit der Wunderkammern sind daher viele gedruckte Kataloge und Verzeichnisse überliefert. Sie informierten über die Sammlung und dienten zugleich dem Prestige des stolzen Sammlers, der seine Stücke der Öffentlichkeit in Buchform präsentieren konnte. Allerdings gab es zwischen den Büchern und den Objekten einen lästigen Medienbruch, denn die volle Anschauung einer Sammlung konnte eigentlich nur derjenige haben, der die im Buch beschriebenen Stücke selbst in Augenschein und in die Hand nehmen konnte. Gerade in der Frühzeit des Buchdrucks waren es im Wesentlichen nur Worte, mit denen Sammlungen beschrieben werden konnten, begleitet von einigen wenigen, eher groben Abbildungen. Mit der Zeit aber verfeinerten sich die Möglichkeiten einer naturnahen Illustration, so dass Bücher die bisher in den Wunderkammern gesammelten Gegenstände nicht nur beschreiben, sondern auch in einer für durchschnittliche Informationsbedürfnisse ausreichenden Weise abbilden konnten. Vom Holzschnitt, über den Kupfer- und Stahlstich, die Lithographie bis hin zur Photographie wurde die Qualität der Bilder immer besser. Spätestens im 19. Jahrhundert dann konnten Bücher und Sammlungen von je eigenen Gedächtnisinstitutionen betreut werden, so dass in den Bibliotheken bis auf wenige Ausnahmen nur noch die Bücher und die Handschriften verblieben. Der Rest kam in ein Museum.

Die Leiche im Lesesaal verweist also auf zweierlei, nämlich auf ein besonders intensives Totengedächtnis auf der einen und auf einen Wandel in den Wissensmedien auf der anderen Seite. Wir hatten die Bibliothek mit einem Friedhof verglichen. In gewisser Weise gehören auch die Mumien und die Skelette hierher, denn ein Friedhof ist beileibe kein Ort, an dem das Gedächtnis an die Verstorbenen wirklich dauerhaft ist. Die meisten Gräber werden nach einigen Jahrzehnten wieder neu belegt. Auch wenn dies nicht passiert, verwittern die Grabsteine im Laufe der Zeit mehr und mehr, so dass schon nach zweihundert Jahren kaum noch ein Grab vorhanden ist. Mit den Büchern aber verhält es sich anders. Sie können, wenn sie solide hergestellt und sorgfältig gepflegt werden, leicht tausend Jahre und mehr überdauern. Ihr Inhalt kann zudem jederzeit reproduziert werden, so dass in den eigenen Schriften ein Mensch wohl das dauerhafteste Grab und in der Bibliothek den robustesten Friedhof findet. Das hat vor über 650 Jahren auch schon der italienische Humanist Francesco Petrarca (1304–1374) so gesehen. In seinem Werk „Secretum meum“ unterscheidet er einen dreifachen Tod, nämlich den biologischen Tod als ersten, das Verschwinden des Grabes als zweiten und den Untergang der eigenen Schriften als dritten. Petrarca kommt dabei zu dem Schluss: „Vivacior est librorum quam sepulchrorum memoria.“ (Die Erinnerung durch Bücher ist langlebiger als die der Gräber.)

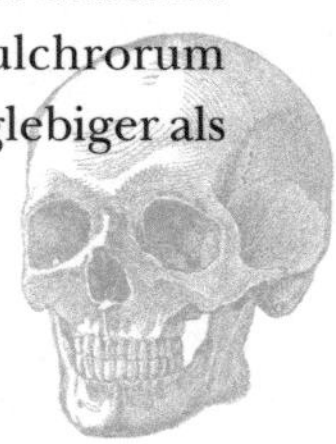

3.
Verschimmeltes Altpapier: Bedenkliches über alte Bücher

Ein dauerhaftes Weiterleben im Bewusstsein der Nachwelt zu ermöglichen, hat sich als ein wichtiges Motiv herausgestellt, Verstorbene oder Teile ihres Körpers in einer Bibliothek aufzubewahren. Dahinter steckt freilich die unausgesprochene Erwartung, dass Bibliotheken eine solche Dauerhaftigkeit auch tatsächlich gewährleisten können. Dafür spricht, dass in Gestalt der Bücher die Gedanken und Werke längst verstorbener Menschen immer noch existieren und gelesen werden können, so dass auf diese Weise ihre Autoren gleichsam lebendig bleiben. Ausgeblendet und verdrängt wird dabei allerdings die Frage, ob Bibliotheken selbst nicht vielleicht sterben und vergehen können, so dass die – mit Blick auf ihre bisherige Überlieferungsleistung durchaus plausible – kulturelle Erwartung eines endlosen Nachlebens und einer unvergänglichen Erinnerung gefährdet ist.

Vernichten durch Verwalten

Die amerikanische Autorin und Kulturwissenschaftlerin Susan Sontag (1933–2004) notiert am 25. Februar 1960 in ihrem Tagebuch: „Meine Bibliothekarsmentalität: die Unfähigkeit, irgendetwas rauszuwerfen; alles (insbesondere, wenn es mit Wörtern zu tun hat) ‚interessant' + bewahrenswert zu finden." Indem Sontag Bibliotheken als Gedächtnisinstitutionen sieht, die alles Bewahrenswerte dauerhaft sammeln, wiederholt sie eine gängige, aber leider falsche Vorstellung über die Arbeit und den Auftrag von Bibliotheken. Der Irrtum beginnt schon beim Sammeln. Zwar ist es richtig, dass Bibliotheken planmäßig sehr viele Publikationen in ihren Bestand übernehmen. Einige Bibliotheken wie die Deutsche Nationalbibliothek oder die Landes- und Staatsbibliotheken in den Bundesländern tun dies sogar mit dem Ziel der Vollständigkeit, denn sie haben mit dem so genannten Pflichtexemplarrecht einen gesetzlichen Anspruch auf Ablieferung jeder Druckschrift, die in ihrem Zuständigkeitsbereich erscheint. Und so kann man tatsächlich davon ausgehen, dass jedes Buch, das in einem Verlag veröffentlicht wird, auch in einer Bibliothek zu finden ist.

Nur erscheinen längst nicht alle Bücher in einem Verlag. Diese so genannte graue Literatur gelangt meist nur lückenhaft in die Bibliotheken. Bis auf wenige Ausnahmen gar nicht gesammelt wird die große Masse der Druckschriften rein informatorischen Inhalts, die so genannten Ephemera wie Werbeprospekte, Geschäftsberichte und dergleichen. Aus dieser Sammlungspraxis, die das Randständige, Flüchtige und nur lokal Bedeutsame meist ausspart, ergeben sich sehr schnell Überlieferungslücken. Beispielhaft erwähnt seien Schul- und Schülerzeitschriften, die weder von den Pflichtexemplarbibliotheken noch von den örtlichen Stadtarchiven, ja sogar nicht einmal in den Schulen selbst systematisch gesammelt werden. So kann es passieren, dass ein Text, der vor 25 Jahren in einer Schülerzeitschrift mit einer Auflage von mehreren hundert Exemplaren veröffentlicht wurde, heute bereits als verschollen zu gelten hat.

Aber wären diese Hefte tatsächlich noch vorhanden, wenn man sie an eine Pflichtexemplarbibliothek abgeliefert hätte? Immerhin haben diese Bibliotheken ja einen gesetzlichen Sammelauftrag und damit auch die Verpflichtung, ihre Bestände dauerhaft aufzubewahren. Es gibt allerdings meist keine Pflicht, abgelieferte Stücke auch in die eigene Sammlung aufzunehmen. Die meisten Pflichtexemplarbibliotheken haben sogar das gesetzlich ausdrücklich eingeräumte Recht, die Sammlung einzelner Stücke abzulehnen. Trotz dieser kleineren Lücken in ihrer Sammeltätigkeit können Bibliotheken mit Pflichtexemplarrecht als besonders stabile und verlässliche Gedächtnisinstitutionen gelten. Für alle anderen Bibliotheken ist das nicht unbedingt der Fall. Anders nämlich, als gemeinhin angenommen wird, sind viele Bücher nur für eine begrenzte Zeit in der Bibliothek zu finden und werden, wenn sie nur selten bis gar nicht benutzt werden, wenn sie beschädigt oder veraltet sind, ausgesondert, also aus dem Bestand der Bibliothek ausgeschieden.

Über Aussonderungen reden Bibliothekare nicht gern, diese Angelegenheit hat den Geruch des Anrüchigen und Peinlichen. Statt von Aussonderung wird verschämt lieber euphemistisch von ‚Bestandspflege‘ gesprochen. Bücher aus einer Bibliothek zu entfernen, das gilt immer noch als Kulturfrevel. Und dennoch ist es ein ganz alltäglicher Vorgang. Allein im Jahr 2012 sonderten die von der öffentlichen Hand und den Kirchen getragenen deutschen Bibliotheken fast 12 Millionen (!) Medieneinheiten aus. So jedenfalls kann man es in der Deutschen Bibliotheksstatistik nachlesen. Obwohl diese gewaltige Zahl etwas relativiert werden muss, weil darin auch Bücher, die vollkommen zerlesen waren, sowie mittlerweile veraltete audio-visuelle Medien – etwa CDs oder Audio-Kassetten – berücksichtigt sind, so ist sie dennoch beeindruckend. Von den 12 Millionen Medieneinheiten fallen übrigens knapp 10 Millionen auf die Öffentlichen Bibliotheken, also die Stadtbüchereien und die öffentlichen kirchlichen Bibliotheken, die den Informations- und Lesebedürfnissen der Allgemeinheit dienen. Es liegt auf der Hand, dass hier ein halbwegs aktueller Bestand erwartet wird, so dass gewisse Bücher – beispielsweise Steuerratgeber – schon nach wenigen Jahren als veraltet aus dem Bestand ausscheiden. Von daher sind Aussonderungen in den Öffentlichen Bibliotheken ein ganz normaler Vorgang und müssen im Interesse der Bibliotheksbenutzer sogar regelmäßig durchgeführt werden.

In den wissenschaftlichen Bibliotheken jedoch, zu denen neben den großen Landes- und Staatsbibliotheken vor allem die Universitäts- und Hochschulbibliotheken zählen, sieht die Sache schon anders aus. Ginge es nach der traditionellen reinen Lehre in der Bibliothekswissenschaft, so würde dort, abgesehen vom Ausscheiden veralteter Mehrfachexemplare, überhaupt nicht ausgesondert. Daher findet sich in der älteren bibliothekswissenschaftlichen Literatur auch fast nichts zu diesem Thema. Allenfalls ist dort der kurze Hinweis zu lesen, dass Aussonderung grundsätzlich nicht Betracht komme, denn erstens wären die wertvollen Bücher vergangener Jahrhunderte heute gar nicht mehr vorhanden, wenn man sie früher ihrer veralteten Inhalte wegen ausgesondert hätte; zweitens könne heute als veraltet geltende Literatur für neue Fragestellungen plötzlich wieder sehr relevant werden; und drittens sei die Aussonderung personell einfach zu aufwändig. Diese strenge Ansicht übt auf die heutige Praxis freilich nur noch geringen Einfluss aus, sieht man von den wenigen Pflichtexemplarbibliotheken oder anderen Bibliotheken mit einer expliziten Archivfunktion einmal ab. Schlichter Platzmangel ist der banale Grund für diese Entwicklung. Bereits in den 1970er Jahren wurde die Raumnot in den Bibliotheken spürbar. Die Versuchung, sich der wenig genutzten, der toten Literatur, zu entledigen, war groß, zumal die Unterhaltsträger der Bibliotheken zu baulichen Erweiterungen wenig geneigt waren.

Den konzeptionellen Startschuss für eine in den Bibliotheken seinerzeit intensiv und breit geführte Aussonderungsdebatte gab ein 1986 vom Wissenschaftsrat unter dem Titel „Empfehlungen zum Magazinbedarf wissenschaftlicher Bibliotheken“ publiziertes Papier. Darin wurde die Archivfunktion nur noch bestimmten Einrichtungen mit besonderen Bestandsschwerpunkten zugewiesen. Die neu gegründeten Hochschulbibliotheken sollten demgegenüber Wachstumsobergrenzen festlegen und diese durch kontinuierliches Aussondern nicht mehr benötigter Literatur einhalten. Begleitet wurden die Empfehlungen des Wissenschaftsrats durch verschiedene ministerielle Aussonderungserlasse in den einzelnen Bundesländern. Knapp 20 Jahre später wurde ein Planungspapier der einflussreichen Hochschul-Informations-System (HIS) GmbH etwas konkreter. Das den Bibliotheken ohne Archivfunktion verordnete Netto-Null-Wachstum sollte jetzt durch die Definition so genannter Bestandstiefen gewährleistet werden. Sie betragen bei den Kulturwissenschaften 40 und bei den Naturwissenschaften lediglich 20 Jahre.

Das erinnert an die Ruhezeiten auf dem Friedhof, nach deren Ablauf die Gräber wieder neu belegt werden, und ist für viele wissenschaftliche Fragestellungen schlicht unsinnig. Die gerade in Fahrt kommende Forschung zur 68er-Bewegung etwa würde es keineswegs begrüßen, wenn die fachlich gewiss veraltete sozialwissenschaftliche Literatur der frühen 70er Jahre ohne Weiteres ausgesondert würde. Die Empfehlungen der HIS GmbH übersehen, dass veraltete Sekundärliteratur sich im Laufe der Zeit in aktuelle Primärliteratur verwandelt.

Bisher freilich ist keine flächendeckende strikte Umsetzung der genannten Empfehlungen zu beobachten. Gleichwohl greift immer öfter eine pragmatische, manchmal auch recht hemdsärmelige Aussonderungspraxis in den wissenschaftlichen Bibliotheken um sich, die ihren Grund vor allem in der zunehmenden Bedeutung von Online-Quellen für das wissenschaftliche Arbeiten und Informationsverhalten sowie in der mächtig voranschreitenden Digitalisierung älterer Literatur hat. Wo früher ein riesiger Bestand mit gedruckten Bibliographien ganze Säle füllte und der Stolz einer jeden wissenschaftlichen Bibliothek war, die dadurch zu einem einzigartigen Informationszentrum für nahezu alle publizierten Werke wurde, sind heute Nutzerarbeitsplätze eingerichtet.

Aber es stimmt schon: Brauchte man früher einige Kilometer gedruckter Bibliographien, um eine sorgfältige Literaturrecherche zu ermöglichen, reicht heute für 98 % der Fragestellungen ein Smartphone mit Zugang zu den richtigen Datenbanken aus. Und das betrifft nicht nur bibliographische Informationen. Immer mehr ältere Werke werden mittlerweile digitalisiert und stehen über das Internet zur Verfügung. Häufig sind sie freilich nur registrierten Nutzern bestimmter Bibliotheken zugänglich, die für diese Inhalte oft sehr viel Geld ausgeben, meist über die Hälfte des Erwerbungsetats. Damit wird nicht nur der Komfort bei der Literatursuche erhöht, sondern zugleich auch der Stab über die gedruckten Bestände gebrochen. Wenn Inhalte nämlich in digitaler Form bequem und schnell erreichbar sind, ist die Versuchung groß, die gedruckten Bestände zu entsorgen. Und so macht die Digitalisierung in einer problematischen Dialektik nicht nur viele verborgene Schätze leicht verfügbar, sondern sorgt zugleich dafür, dass ganze Zeitschriftenmagazine zu entbehrlichem Altpapier werden. Dass zur Erzielung besserer Digitalisierungsergebnisse manchmal die Buchblöcke beschnitten, das Buch in einzelne Seiten zerlegt und im Anschluss an die Digitalisierung entsorgt wird, zieht einen vergleichsweise geringen Schaden nach sich, weil davon immerhin nur einzelne Ausgaben und nicht flächendeckend ganze Bestände betroffen sind.

Als direkte Folge der Digitalisierung und unter dem Eindruck baulicher Engpässe sind moderne wissenschaftliche Bibliotheken also alles andere als ein sicherer Hafen des gedruckten Wissens. Sie verwandeln sich mehr und mehr zu reinen Gebrauchsbibliotheken, wo Bücher durch eine planmäßige Bibliotheksverwaltung verbraucht und vernichtet und wo daneben Inhalte über Datenbankzugänge auf stationäre oder mobile Endgeräte vermittelt werden. Wer also meint, durch die Digitalisierung würden die gedruckten Bücher geschont, weil man nur noch selten das Original zur Hand nehmen muss, darf die mit der Digitalisierung ebenfalls verbundene Entwertung des gedruckten Bestandes in einer normalen wissenschaftlichen Bibliothek nicht übersehen. Was für das wirklich alte, vor 1850/60 erschienene Buch sicher richtig ist, bedeutet für den jüngeren Bestand nicht selten dessen Todesurteil.

Aber werden die in den Bibliotheken entbehrlichen Bücher tatsächlich weggeworfen? Der besorgte Leser wird sich vermutlich fragen, was mit den ausgesonderten Beständen passiert. Hier gibt es mehrere Wege. Der buchliebende Bibliothekar ist immer froh, wenn er überflüssige Literatur an eine andere Bibliothek abgeben kann. Das gelingt allerdings immer seltener und ist mit einem sehr hohen Arbeits- und Rechercheaufwand auf beiden Seiten verbunden. Vom Haushaltsrecht her sind Bibliotheken als öffentliche Einrichtungen gehalten, entbehrliche Literatur, die von keiner anderen Bibliothek übernommen wird, angemessen zu verwerten. Das kann durch einen Verkauf an einen Antiquar geschehen; aber auch hier ist der Aufwand groß, und der Ertrag liegt, insbesondere bei größeren Mengen, oft unter einem Euro je Buch. Dieser Weg lohnt sich also allenfalls für einige Spitzenstücke, wobei aber die Eigenschaft, ein ehemaliges Bibliotheksbuch zu sein, sich natürlich nachteilig auf den Erhaltungszustand (Signaturschild, Folieneinband, Stempel, etc.) und damit auch auf den zu erzielenden Preis auswirkt. Fast unverkäuflich sind heutzutage ältere Zeitschriften, auch wenn deren Anschaffung im Laufe der Jahre horrende Summen verschlungen hat. Durch die Digitalisierung älterer Jahrgänge fallen andere Bibliotheken als Nachfrager am Markt fast völlig aus, und Privatleute schrecken angesichts kleinerer Wohnungen und gewachsener beruflicher Mobilität davor zurück, mehrere Meter Regalfläche für eine wissenschaftliche Fachzeitschrift zu opfern, die letztlich nur zu einem Bruchteil gelesen wird.

Eine Alternative zum Verkauf an einen Antiquar ist ein von der Bibliothek selbst organisierter Altbuchverkauf. Trotz der für die Käufer oftmals überraschend moderaten Preise ist dies meist die wirtschaftlichste Verwertungsweise. Schon ein Vertrieb über das Internet ist wegen Versand und Rechnungsstellung in aller Regel bereits zu personalintensiv und damit zu teuer. Aber auch im Altbuchverkauf und selbst in der Gratis-Auslage im Eingangsbereich von Bibliotheken finden viele Bücher oft keine Interessenten mehr. Sie werden dann makuliert und wandern ins Altpapier. Angesichts von 12 Millionen ausgesonderten Medien in den Deutschen Bibliotheken allein im Jahr 2012 kann man ohne Übertreibung und unter Abrechnung der in andere Hände gegebenen Bände sowie der audio-visuellen Medien sagen, dass rein zahlenmäßig Jahr für Jahr eine große Universitätsbibliothek einfach auf dem Müll landet.

Am Ende also werden als direktes Ergebnis bibliothekarischer Arbeit viele Bücher, ja selbst ganze Bibliotheken zu Abfall. Bibliotheken freilich haben immer schon eine besondere und bislang erst wenig aufgearbeitete Beziehung zu Müll und Abfall gehabt. Schon die Bücher selbst zählen zu den ganz frühen und nachhaltigen Recycling-Produkten. So wird der Anfang der abendländischen Bibliotheken nicht nur durch die Ablösung der Buchrolle durch den gehefteten Codex, sondern vor allem durch die Veränderung des Beschreibstoffs bzw. durch den Wechsel von Papyrus zu Pergament markiert. Anders als Papyrus, der ja eigens für die Papierherstellung angebaut, geerntet und aufbereitet wurde, ist Pergament als bearbeitete Tierhaut im Grunde nichts weiter als Schlachtabfall, der zu Beschreibstoff recycelt wird.

Überlieferungsgeschichtlich ist der ab dem 3. Jahrhundert einsetzende Wechsel von Papyrus zu Pergament als Beschreibstoff für Bücher nicht nur eine Zäsur, die das Ende der Antike und den Beginn des Mittelalters einleitet, er ist auch der Grund, warum nicht wenige Werke der antiken Literatur verloren sind. Da Pergament im Vergleich zu Papyrus haltbarer ist und vor allem ein feuchtes Klima relativ gut verträgt, sind Werke, die nicht von Papyrus auf Pergament umgeschrieben wurden, mit der Zeit einfach zerfallen und damit verschwunden. Positiv gesprochen könnte man hierin einen guten Selektionsprozess zu sehen, denn nur das, was geschätzt wurde und Qualität hatte, wurde auch auf den neuen Beschreibstoff übertragen, so dass wir von zweitklassiger Literatur verschont blieben. Richtig ist an dieser Sicht, dass sich in dem durch die Umschreibung durchgeführten Selektionsprozess zwar die Wertschätzung, aber eben auch die Mode der damaligen Zeit widerspiegelt.

So wird das Pergament gerade dann, wenn man es nicht verwendet, auch zu einem Medium des Vergessens, ja des Sterbens von Wissen, denn der Verfall der alten Papyri ist biologisch ja nichts anderes als eine Form der Verwesung. Das auf Pergament Überlieferte hingegen lebt im kulturellen Gedächtnis weiter. Eine feine Ironie will es, dass gerade die Haut toter Schlachttiere das Weiterleben der Texte ermöglicht und garantiert. Ohne Übertreibung lässt sich daher sagen, dass das Wissen der Antike bis hin zur Verwendung des Papiers ab dem 12. Jahrhundert gewissermaßen über eine Brücke des Todes gegangen ist. Betrachtet man die bloße Materialität mittelalterlicher Klosterbibliotheken mit ihren Pergament-Codices, so haben wir es hier mit einer Ansammlung getrockneter Kadaver zu tun – eine nicht gerade wenig morbide Vorstellung.

Die Aussage übrigens, dass alles das unrettbar verloren ist, was nur auf Papyrus geschrieben und später nicht mehr auf Pergament übertragen wurde, ist im Grunde nicht ganz richtig. Dort nämlich, wo die klimatischen Bedingungen günstig waren, vor allem in Nordafrika und im Vorderen Orient, haben sich noch recht viele Papyri erhalten. Die Zahl der gefundenen Fragmente geht in die Hunderttausende, wenn nicht Millionen. Einen besonders spektakulären Sonderfall stellt eine beim Ausbruch des Vesuvs im Jahre 79 verkohlte Bibliothek in der Stadt Herculaneum dar, deren rund 1.800 Papyrus-Rollen durch die große Hitzeeinwirkung konserviert wurden und mit modernen technischen Hilfsmitteln noch recht gut lesbar sind.

Die übergroße Masse der auf uns gekommenen Papyri aber wurde nicht durch Bibliotheken überliefert, sondern entstammt zumeist Grabkammern und Abfallgruben. In ägyptischen Gräbern etwa finden sich neben einem Totenbuch, das zu einer ordentlichen Grabausstattung gehörte und nicht selten mit der Mumie eingewickelt wurde, noch viele weitere und – im Vergleich zu dem doch recht gut überlieferten Totenbuch – weitaus spannendere Papyri. Sieht man von expliziten Grabbeigaben ab, von Schriften also, die man dem Verstorbenen gewissermaßen als Lektüre und wertvollen Besitz für das Jenseits mit in das Grab gegeben hat, so stellen vor allem die Mumien selbst ein reiches Reservoir von Textfragmenten dar, das immer wieder für überraschende Funde gut ist. So kommt es vor, dass nach der Entfernung der Organe bei der Mumifizierung der verbleibende Hohlraum mit Papyrusabfall verfüllt wurde. Dieser Abfall kann interessante Dokumente des Alltags wie Rechtsurkunden, ungelenke Schreibübungen aus dem Schulunterricht mit bisher unbekannten Versen antiker Dichtung und dergleichen mehr enthalten. Besonders interessant, weil zumeist aus Papyrusabfall bestehend, ist die Mumienkartonage: ein bemalter Überzug, der um die bandagierte Mumie, wenigstens aber um ihren Kopf, gelegt und nach seiner Formung bunt bemalt wurde.

Wenn von Mumien als Bibliotheksbestand die Rede war, so sehen wir jetzt einen weiteren nicht ganz unbedeutenden Aspekt dieses merkwürdigen Phänomens, nämlich die Eigenschaft der Mumie, nicht nur ein naturwissenschaftliches Wissensobjekt oder ein stummer Zeitzeuge vergangener Kulturen, sondern auch eine Fundgrube für alte Texte zu sein. Nicht wenige Fragmente griechischer Lyrik sind uns allein durch ihr Recycling bei der Mumifizierung überliefert. Dennoch sind Mumien nicht die Hauptquelle antiker Papyri.

Viel ergiebiger waren einige Abfallhaufen hellenistischer Siedlungen in Ägypten. Besonders prominent sind die rund 400.000 Papyrusfragmente, die aus einer antiken Müllkippe im ägyptischen Oxyrhynchus geborgen wurden. Von diesen Papyri wurden übrigens bislang weniger als 2 % publiziert und ausgewertet. Man wird in den damals als Windeln oder Einschlagpapier für Lebensmittel nachgenutzten Dokumenten sicher noch etliche unbekannte Texte finden können.

Betrachten wir die Anfänge unserer abendländischen Bibliotheken und die Wege der Überlieferung antiker Texte mit Blick auf die Materialität der verwendeten Beschreibstoffe und auf die Umstände ihrer Überlieferung, dann stellen wir nicht ohne Erstaunen fest, dass Abfallgruben, Gräber und Schlachthöfe hier keine geringe Rolle spielen. Diese wenig anheimelnden Ursprünge unserer Buchkultur sind heute kaum noch sichtbar. Allenfalls könnte man dem Leder als Einbandmaterial noch einen gewissen morbiden Aspekt abgewinnen. Mit der Verwendung von Papier für den Buchdruck aber scheinen Bibliotheken von ihrer Todesnähe abgerückt und in eine freundlichere Phase ihrer Geschichte eingetreten zu ein.

Tödliches Papier

Die Dinge so zu sehen, wäre aber voreilig. Der Grund hierfür liegt in den gesundheitlich mehr als problematischen Produktionsbedingungen von Papier, wie sie bis etwa 1850/60 üblich waren. Damals wurden alte Lumpen zur Papierherstellung verwendet. Professionelle Lumpensammler brachten sie in die Papiermühlen und Papierfabriken, wo sie gereinigt und zerkleinert wurden. Anschließend wurden sie mit Hilfe eines oft durch Wasserkraft betriebenen Stampfwerkes – daher stammt der Name Papiermühle – unter Zugabe von Wasser und von aus Schlachtabfällen gewonnenem Leim (der ‚Kadaveraspekt' des Buches bleibt uns also erhalten!) zu einer breiigen Masse verarbeitet. Aus dieser Masse wurde dann das Papier mit Sieben geschöpft und nach dem Trocknen zu einem beschreibbaren glatten Material veredelt. Bis zum

Beginn der industriellen Papierproduktion um 1850/60, die dann Holzschliff anstelle von Hadern verwendete, waren also alte Kleider und andere Lumpen, letztlich also wiederum Abfall, der Ausgangsstoff für Papier. Alle alten Bücher sind so gesehen nichts weiter als ein Haufen bedruckter Lumpen und Textilabfälle.

Ein solcher Abfall aber ist alles andere als hygienisch. So starben in den vorindustriellen Papierfabriken von 1.000 Arbeiterinnen innerhalb von 10 Jahren wenigstens 50 an Lungenmilzbrand. Ursache für diese auch als Hadernkrankheit bezeichnete Infektion war der Staub, der bei der Säuberung und Zerkleinerung von alten Lumpen entsteht und mit dem zusammen auch Krankheitserreger in die Atemluft abgege-

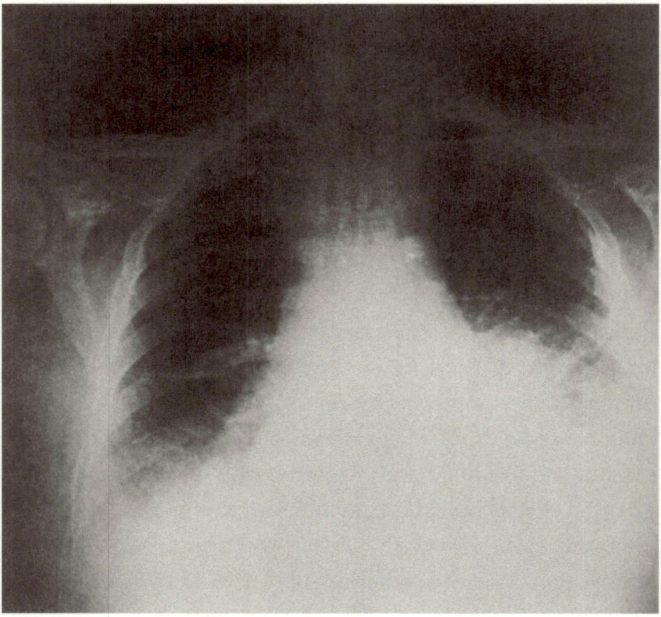

Lungenmilzbrand 22 Stunden vor dem Eintritt des Todes.

ben wurden. Bacillus anthracis fand in den oft unter beengten und stickigen Bedingungen arbeitenden Menschen leichte Opfer.

Ein zusätzliches Gesundheitsrisiko bei der Papierherstellung ergab sich daraus, dass die bei der Produktion verwendeten Lumpen manchmal aus sehr speziellen Quellen stammten. So sollen amerikanische Papiermühlen im 19. Jahrhundert große Mengen Mumien bzw. Mumienbinden aus Ägypten importiert und zu Papier verarbeitet haben. Dabei kam es zu mehreren tödlichen Erkrankungen, die wahrscheinlich durch Lungenmilzbrand verursacht waren. Die damalige Presse jedoch glaubte eher an pharaonische Flüche als Rache für die gestörte Totenruhe der zu Papier verarbeiteten alten Ägypter. – Lassen wir das auf sich beruhen. Der Vorgang zeigt jedoch, wie begehrt alte Textilien für die Papierherstellung damals waren, wenn man dafür sogar antike Gräber in Ägypten meinte plündern zu müssen.

Lumpen waren also eine wertvolle Handelsware und Lumpensammelei damit ein lukratives Geschäft. Aus dieser Perspektive boten gerade die im Mittelalter und in der Frühen Neuzeit nicht seltenen Kriege und Seuchen gute Gelegenheiten, mit herrenlos gewordener Kleidung Profit zu machen. Im Falle ansteckender Seuchen hatte dies fatale Folgen. Denn tatsächlich nahmen Pestepidemien immer wieder in Papiermühlen ihren Anfang. Auch Ulman Stromer (1329–1407), der Gründer der ersten deutschen Papiermühle, die 1390 in Nürnberg ihre Produktion aufnahm, starb an der Pest. Mag Stromer, der als reicher Kaufmann mehr Investor als Papiermacher war, auch wenig mit dem konkreten Betrieb der Mühle zu tun gehabt haben, so blieb er beim einträglichen Lumpenhandel aber doch engagiert. Gut möglich, dass er dabei auch mit den blinden Passagieren der Lumpenballen, gewissen Flöhen nämlich, nähere Bekanntschaft gemacht hat. In Pestzeiten hatte dies leicht tödliche Konsequenzen, denn Yersinia pestis, der Pesterreger, der normalerweise nur bei Ratten vorkommt, wird durch Flöhe übertragen. Sie nehmen ihn bei ihren Mahlzeiten in sich auf und geben ihn bei der nächsten Ratte über die Einstichstelle wieder ab. Findet der Rattenfloh kein geeignetes Wirtstier, so geht er auch auf den Menschen über und infiziert ihn durch seinen Biss. Bei den bekannten Pestbeulen handelt es sich um Schwellungen der Lymphknoten und Lymphgefäße im Umfeld des Flohbisses. Gelangen Pesterreger in die Lunge, so kann sich die Krankheit auch über Tröpfcheninfektion verbreiten. Im Detail ist der Infektionsweg recht kompliziert, die Beteiligung des Flohs als Zwischenwirt bei der Übertragung von der Ratte auf den Menschen steht aber außer Frage. Wenn nun in Gegenden, in denen die Pest wütet, Lumpen gesammelt und weit über Land gehandelt werden, so kann die Krankheit über die in den Kleidungsstücken sitzenden infektiösen Flöhe auch in zuvor unverseuchte Gebiete verschleppt werden. Flöhe sind imstande, problemlos bis zu 30 Tage und länger in ihrem Lumpenversteck zu überleben, bis sie dann – beispielsweise in der Papiermühle bei der Reinigung und Zerkleinerung der angelieferten Lumpen – neue schmackhafte Wirte unter den Menschen, aber auch den Ratten finden. Und speziell an Ratten wird es bei einer Mühle, die an einem Fluss liegt, bestimmt nicht gefehlt haben. Keine Frage, dass die Tiere auch ihren Weg in die umliegenden Ortschaften fanden und dorthin tödliche Grüße aus der Papiermühle überbrachten.

Wir hatten gesehen, dass Tod und Abfall schon in der Anfangszeit der abendländischen Bibliotheken sowie bei der Überlieferung der antiken Literatur unterschwellig eine gewisse Rolle spielten. Für das Papierzeitalter gilt dies bis zum Beginn der industriellen Papierherstellung um 1850/60 allerdings auch. Zwar sind die Bibliotheken hinsichtlich ihrer Materialität jetzt keine Ansammlung alter Kadaver mehr, sondern nur noch eine Lumpenkammer, in denen allenfalls bei den Leder- oder Pergamenteinbänden oder bei dem in der Buchbinderei verwendeten Knochenleim Schlachtabfälle Verwendung finden. Im Gegensatz aber zum Pergamentzeitalter, wo nur die Tiere ihr Leben für die Bücher lassen mussten, kann man zu der bis Mitte des 19. Jahrhunderts üblichen Papierproduktion ohne Übertreibung anmerken, dass sie vielen Menschen durch ansteckende Krankheiten das Leben gekostet hat. Mit Blick auf Seuchen wie die Pest hat der Leser mit der beklemmenden Möglichkeit zu rechnen, dass manches schöne alte Buch, das er heute bewundernd in die Hand nimmt, aus den Kleidern gefertigt ist, die ein todkranker Mensch auf seinem Sterbelager trug.

Verwesung

Dass die Bibliothek in den Jahren nach 1850/60, als Papier überwiegend nur noch aus Holzschliff und nicht mehr aus Lumpen hergestellt wurde, ihre morbide Materialität tatsächlich abschütteln konnte, kann leider nicht behauptet werden. Zwar spielt Totes und Krankmachendes in der Buchproduktion keine große Rolle mehr; jetzt aber sind es – und das ist neu – die Bücher selbst, die nach einiger Zeit in Siechtum und Verwesung fallen. Die neue Herstellungsmethode in der Papierproduktion nämlich veränderte die chemische Konsistenz des Papiers.

Hatte das alte, in der Papiermühle geschöpfte Papier einen basischen Charakter, so war das industriell erzeugte Papier sauer. Kommt ein solches Papier mit Licht und Sauerstoff in Berührung, vergilbt es schnell und wird brüchig. Während Pergamentbände leicht einem ganzen Jahrtausend trotzten und aus Hadernpapier hergestellte Bücher auch nach mehreren Jahrhunderten noch recht frisch aussehen und feste Seiten haben, können moderne Bücher schon nach wenigen Jahrzehnten unbenutzbar sein. Der typische Bibliotheksgeruch mit seiner leicht an Vanille erinnernden Note, den bibliophile Menschen so lieben, ist das Ergebnis der chemischen Prozesse, die zum Zerfall führen. So riechen Bücher, wenn sie sterben. Dieser Geruch wird mittlerweile sogar wissenschaftlich erforscht und soll je nach Intensität präzise und substanzschonend darüber Auskunft geben, wie ‚krank' oder ‚gesund' das Papier eines Buches ist.

Saures Papier ist ein sehr ernstes Problem. Rein zahlenmäßig bedroht es einen großen Teil unserer Bibliotheksbestände. Fachkundige Schätzungen gehen davon aus, dass allein in deutschen Bibliotheken rund 60 Millionen Bücher bereits geschädigt sind, ein Drittel von ihnen so schwer, dass die Erhaltung des Originals nur mit sehr hohem Aufwand und daher nur in Einzelfällen möglich sein wird. Mit hoher Wahrscheinlichkeit werden unsere Urenkel diese Bücher nicht mehr in die Hand nehmen können. Für die weniger geschädigten Bände lässt sich eine günstigere zeitliche Prognose stellen. Sie können durch spezielle Behandlungsmethoden ‚entsäuert' werden. Dies aber hält den Verfall nur auf, bereits eingetretene Schäden werden nicht behoben. Für die schwerer geschädigten Bände bleibt in aller Regel nur noch die Verfilmung auf alterungsbeständigen Mikrofilm, um wenn schon nicht ihre Substanz, so doch wenigstens ihren Inhalt dauerhaft zu bewahren.

Eine Digitalisierung kann zwar die Originale schonen und diese Bücher vielen Menschen über das Internet zugänglich machen, doch bleibt die Langzeitstabilität heutiger Datenträger sogar noch hinter derjenigen von saurem Industriepapier zurück. Ein ausgesprochen ehrgeiziges Ziel wäre es, wollte man von jedem dieser sauren Bücher wenigstens ein Exemplar mit aufwändigen Konservierungsverfahren im Original langfristig bewahren. Denn es ist sehr fraglich, ob die Mittel, die den Bibliotheken gegenwärtig für Bestandserhaltung zur Verfügung stehen, ausreichen, um die Buchproduktion der letzten rund 150 Jahre ebenso dauerhaft der Nachwelt zu überliefern, wie es für die vor 1850/60 erschienenen Büchern bisher der Fall war.

Dies bedeutet aber nicht, dass alte Bücher keinerlei Problem mit Säurefraß hätten. Auch wenn das Papier selbst an sich gesund ist, kann die Druckerschwärze, vor allem aber die bei handschriftlichen Eintragungen und Manuskripten verwendete Tinte zu einem punktuellen und räumlich begrenzten Sauerwerden des Papiers führen, so dass die Buchstaben aus dem Papier fallen, als hätte man statt Tinte eine Ausstechform benutzt. Die von dieser Art Säure- oder Tintenfraß betroffenen Bücher sind ausnahmslos ein Fall für den Restaurator.

Mittlerweile wird für den Buchdruck meist alterungsbeständiges Papier verwendet. Und weil hier Altpapier ein wichtiger Rohstoff bei der Herstellung ist, schließt sich – ähnlich wie bei den vorindustriellen Produktionsverhältnissen – der wirtschaftliche Kreislauf. Auch heute gilt, dass Bücher hinsichtlich ihrer materiellen Seite nichts anderes sind als aufbereiteter Abfall. Die Säure, die das Papier bedroht, ist in den Büchern selbst zu finden. Man spricht beim Säurefraß daher auch von einem endogenen Schaden. Der durch ihn verursachte Verfall der Bücher, ihr buchstäbliches Zerbröseln unter den Fingern des Lesers, ist praktisch unvermeidlich. Auch in einer optimal gepflegten Bibliothek zerfallen und sterben die Bücher im Laufe der Jahre unaufhaltsam in den Regalen. Leider sind aber Bibliotheken nicht immer gut gepflegt. Oft fehlt hierfür das nötige Personal. Und so werden manche Bibliothekbestände, die kaum noch benutzt werden, einfach sich selbst überlassen, weil man die Kosten und Mühen scheut, sie zu entsorgen. Denn die Aussonderung eines Buches dauert mit den dabei notwendigen Korrekturen im Bibliothekskatalog und dem Anbringen des Entwidmungsstempels fast genau so lange wie seine Einarbeitung. Addiert man alle Arbeitsschritte, so kommt man auf einen Zeitaufwand von rund 15 bis 20 Minuten pro Band! Sofern die Platznot also nicht übergroß wird, ist es am einfachsten, die Bücher im Regal zu belassen. Daran ist zunächst positiv, dass so manches entlegene Buch viele Jahrzehnte unbehelligt überdauern kann und irgendwann vielleicht doch noch einen glücklichen Leser findet. Die unerwarteten Entdeckungen, die alte Bibliotheken so faszinierend machen, ereignen sich ja gerade im wenig genutzten und gepflegten toten Bestand. Allerdings setzt das voraus, dass das Buch am Ende seines Dornröschenschlafes noch benutzbar ist.

Dies ist jedoch nicht immer garantiert. Ungepflegte, sich selbst überlassene Bestände können leicht Opfer von Schädlingen werden und sich neben den bei jüngeren Büchern unvermeidlichen endogenen auch exogene, von außen kommende, Schäden zuziehen. Eine gewisse Rolle spielen hier tierische Schädlinge wie Ratten oder auf Cellulose spezialisierte Käfer. Die klassische Bücherlaus indes greift die Objekte, nach denen sie benannt wurde, übrigens nicht an. Ihr Auftreten im Bestand ist trotzdem nicht harmlos, sondern ein deutliches Alarmzeichen, denn die Bücherlaus ernährt sich von Schimmel, der sich auf den Büchern ausbreitet und den sie ‚zum Fressen' gern hat.

Für den Schimmelpilz und einige auf Cellulose spezialisierte Bakterien sind Bibliotheken nichts anderes als ein riesiges Schlaraffenland. Sie verstoffwechseln die von ihnen befallenen Bücher regelrecht. Dies geschieht in dem gleichen biologischen Prozess, wie er im Grunde auch bei der Verwesung in Gräbern stattfindet. Schimmel aber ist allgegenwärtig. Er besitzt die ökologisch wichtige Funktion, totes organisches Material zu zersetzen und dessen Bestandteile dem natürlichen Stoffkreislauf wieder zuzuführen. So nützlich diese Eigenschaft an sich auch sein mag, in einer Bibliothek hat sie fatale Folgen, denn dort sollen die Bücher ja nicht in ihre chemischen Ausgangsbestandteile zerlegt, sondern dauerhaft aufbewahrt und im Idealfall an eine noch viele Generationen umfassende Nachwelt überliefert werden. Mit der Entscheidung aber, Inhalte totem organischen Material anzuvertrauen, werden neben dem Tod auch dem Verfall und der Verwesung Eintritt in die Bibliothek verschafft.

Die Gefahr beginnt schleichend. Auf den Büchern und den Regalen setzt sich zunächst Staub ab, der sich dann allmählich über die Luft in der ganzen Bibliothek verteilt. Staub verschmutzt nicht nur die Bücher, er ist auch ein idealer Nährboden für einige Schimmelpilzarten und ein gutes Transportmittel für ihre Sporen. Damit der Schimmel optimal aufblühen kann, müssen außerdem die klimatischen Bedingungen stimmen. Wenn in einer Bibliothek Temperaturen von etwa 20 Grad herrschen und zugleich die relative Luftfeuchtigkeit 65 % übersteigt, sind ideale Voraussetzungen gegeben: Der Schimmel wird aktiv und beginnt langsam, die Celluloseketten des Papiers zu verstoffwechseln. Bei optimalen Wachstumsbedingungen kann er bis zu 20 % eines Buches in einem Jahr vertilgen. In den Bibliotheken finden wir eine bunte Flora von über 30 Pilzarten, für Kenner und Liebhaber sind sie ein interessantes Spezialgebiet mit reichhaltigem Anschauungsmaterial. Zwischen den verschiedenen Pilzarten bestehen leichte Unterschiede hinsichtlich ihrer Wachstumsbedingungen und ihrer Vorlieben. Einige greifen anstelle des Papiers die Ledereinbände an oder wenden

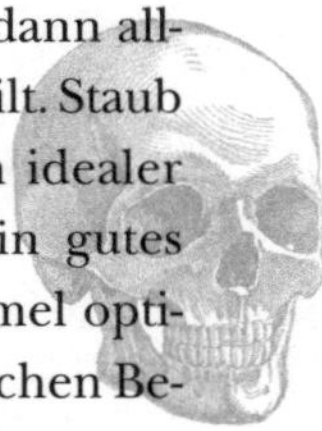

sich dem Knochenleim im Buchblock zu. Ein Buch hat eben viele leckere Seiten! Selbst Pergament wird von Schädlingen nicht verschont, wobei es eher Bakterien sind, die diesen Stoff befallen. Die Bibliothek gleicht also nicht nur in ihrer Funktion als Gedächtnisort einem Friedhof. Sie steht diesem auch in ihrem destruktiven Potenzial in Nichts nach.

Die Bibliothek als Büchergrab

Als es um Bibliotheksbestattungen ging, haben wir erfahren, dass die Bibliothek ein idealer und angemessener Friedhof sein kann. Auch der Umstand, dass wir in ihren Schriften vielen toten Geistesgrößen begegnen können, unterstreicht den Friedhofscharakter einer Büchersammlung. Dass Bücher in Bibliotheken außerdem regelrecht verwesen können, hat die Rede von der Bibliothek als einem Friedhof auf traurige Weise zusätzlich bestätigt. Schließlich gilt es noch einen weiteren Aspekt zu berücksichtigen: So wie auf einem echten Friedhof Erinnerung und Vergessen nahe beieinander liegen, so ist es auch in der Bibliothek. Das Vergessen auf einem Friedhof ist ein langsamer Prozess. Der Verstorbene verblasst nach und nach in der Erinnerung der Lebenden, sein Grabstein verwittert, und am Ende gibt man sogar sein Grab einem anderen. Denn nur wenige Menschen erhalten ein dauerhaftes Ehrengrab oder können sich glücklich schätzen, auf einem zu einem Denkmal erstarrten historischen Friedhof ihre letzte Ruhe gefunden zu haben. Im Vergleich zu einer Grabstätte ist das Nachleben im Buch ungleich länger, aber ebenfalls nicht endlos. Es wäre nämlich ein Missverständnis, wollte man Bibliotheken als dauerhafte Ruhestätte für Geistesprodukte begreifen, aus der sie nie mehr verschwinden.

In der Kulturwissenschaft wird zwischen einem aktuellen Funktionsgedächtnis und einem Speichergedächtnis unterschieden. Damit wird ausgedrückt, dass in der aktuellen kulturellen Situation jeweils nur ein kleiner Teil von Inhalten, Werken und Autoren präsent ist, während der Rest in den kulturellen Speichern, allen voran in den Archiven und Bibliotheken, ruht und darauf wartet, eines Tages wieder in das Funktionsgedächtnis zu gelangen. Die Speicher entlasten also das Funktionsgedächtnis. Doch wer entlastet die Speicher? Wenn sie immer weiter wüchsen, müsste dies über kurz oder lang zu einer Art Infarkt im kulturellen Gedächtnis führen, weil die Masse des Alten gar nicht mehr bewältigt werden könnte und alle geistige Energie absorbieren würde. Für neue Ideen und Inhalte wäre schlicht kein Raum mehr.

Im Alltag sind es die Moden, in der Wissenschaft die Paradigmenwechsel, die zu einer Entlastung des Funktionsgedächtnisses führen. Das dabei ausgeschiedene Material verwahren die Bibliotheken wie in einem Speicher. Damit dieser Speicher nicht irgendwann überläuft und unbenutzbar wird, bedarf es aber auch im hier einer Strategie des Vergessens, die bis zur völligen Auslöschung von Inhalten reichen kann. Es sind gerade ihre Eigenschaften als Friedhof, die Bibliotheken – ganz entgegen dem Bild, das man gemeinhin von ihnen hat – zu einer entscheidenden Instanz für das Verschwinden irrelevanter Inhalte werden lassen. In der Bibliothek nämlich kann sich, wie wir bereits gesehen haben, der allen Büchern innewohnende Todeskeim in Gestalt von Säure oder Schimmel in dem Augenblick sanft entfalten, in dem die aktive kulturelle Anstrengung zur weiteren Überlieferung des gesammelten Bestandes endet.

Die dann allmählich einsetzende Verwesung geschieht aber sehr langsam – und zwar so langsam, dass noch genügend Zeit bleibt, Vergessenes neu zu entdecken und durch eine erneute Publikation vor dem endgültigen Verschwinden zu bewahren. Insbesondere durch die generelle Tendenz, auf die Entsorgung von Büchern zu verzichten, moderiert und ermöglicht die Bibliothek diesen Prozess in einer kulturverträglichen und humanen Art und Weise. Teile des Bestandes, die vollkommen uninteressant geworden sind, lässt sie in einen Dornröschenschlaf fallen. Mancherorts werden die vermeintlich nutzlosen Bücher allerdings auch ausgesondert und weggeworfen. Ungeplante Katastrophen – wie Brände, Kriege oder andere Zerstörungen – sowie der Verlust von Exemplaren, die zwar vorhanden, aber im Magazin nicht mehr aufzufinden sind, tun ein Übriges, um Geistesprodukte aus ihrer vermeintlich dauerhaften Ruhestätte zu entfernen. Man kann das bedauern. Man kann das freilich auch positiv sehen, so wie es der Philosoph Slavoj Žižek (geb. 1949) einmal in einem Fernsehinterview provokant formuliert hat: „Es tut einer Kultur gut, wenn alte Bücher von Zeit zu Zeit verbrennen. Es gibt der Kreativität einen Schub." Eine brennende Bibliothek ist offenbar Katastrophe und Erlösung zugleich.

Die Vernichtung konkreter Bücher und Textträger jedenfalls scheint – allen Anstrengungen zu ihrem Erhalt zum Trotz – unvermeidlich zu sein und muss in der Tat nicht immer als Verlust betrachtet werden. Auch die besonders einflussreichen Schriften der Bibel oder der antiken Philosophen beispielsweise sind nicht in Originalen und Erstausgaben zu uns gekommen, sondern in vergleichsweisen jungen Abschriften. Heute sind sie nicht in ihren Erstdrucken oder älteren Ausgaben kulturell präsent, sondern in aktuellen Auflagen oder gar als Online-Ressource. Um es deutlich zu formulieren: Für die Rezeption von Immanuel Kants (1724–1804) „Kritik der reinen Vernunft" ist es herzlich gleichgültig, ob die Erstausgabe dieses Werkes oder gar ein Manuskript noch existieren oder nicht. Es ist im Grunde auch vollkommen belanglos, ob eine Textausgabe der „Kritik" aus den 20er Jahren in 80 Jahren noch benutzbar ist oder nicht. Wenn jemand aber meint, beispielsweise die Einführungen oder Kommentare zu allen zeitgenössischen Kant-Ausgaben seien interessant, dann mag er sie sammeln, sie neu herausbringen oder wenigstens über sie einen kleinen Aufsatz schreiben, der uns Kunde von ihnen gibt. Auf diese Weise kann auch die Nachwelt davon erfahren, jedenfalls solange, bis die Neuausgabe selbst vor ihrem physischen Verfall steht.

Setzt man voraus, dass Bibliotheken gewissermaßen nur als Reservoire dienen, die die Publikation alter Inhalte ermöglichen, dann wäre tatsächlich die Frage berechtigt, warum man historische Bücher überhaupt erhalten soll. Aus dieser Sicht heraus mag man es denn auch für einen intellektuell dürftigen Reliquienkult halten, was um das alte Buch veranstaltet wird. Demgegenüber ist freilich einzuwenden, dass ein altes Buch in seiner spezifischen Materialität durchaus interessante und relevante Informationen enthalten kann, die über das hinausgehen, was ihr bloßer Inhalt vermittelt. Das alte Buch informiert uns beispielsweise über Herstellungsmethoden vergangener Zeiten, es erhellt die konkrete Situation, in der ein Buch rezipiert wurde, wie etwa ein Druckbild oder ein Format auf einen Leser gewirkt haben mögen und dergleichen mehr. Es ist also sinnvoll, alte Bücher zu bewahren.

Gleichwohl bleibt die Frage, ob man tatsächlich jedes alte Buch aufheben muss. Sie ist vor allem dann berechtigt, wenn sein Inhalt auf vielfache Art noch in anderen Büchern überliefert ist. Ganz alte Bücher aus der Zeit vor der industriellen Buchherstellung wird man ohne Zweifel ausnahmslos erhalten wollen. Hier haben Kriege, Unachtsamkeit und andere Ereignisse den vorhandenen Bestand schon genug dezimiert, so dass es mittlerweile auf jedes einzelne Stück ankommt.

Bei allen anderen Büchern gibt es immerhin das ehrgeizige Ziel, von jedem Exemplar wenigstens ein Original in einer Bibliothek zu erhalten. Man kann bezweifeln, ob das tatsächlich sinnvoll ist, und dabei die etwas ketzerische These aufstellen, dass erst ein erheblicher Verlust den verbleibenden Rest interessant und wertvoll macht und dass erst die durch diesen Verlust eingetretene Reduktion des Materials eine sinnvolle Rezeption überhaupt ermöglicht. Ohne eine Rarifizierung und ohne die damit verbundenen vorhergegangenen Verluste scheint es keine produktive Erinnerung geben zu können, weil die Fülle des Materials einen sinnvollen Zugriff unmöglich macht.

Tatsächlich kommt in der Theorie musealer Sammlungen – soweit es nicht um ausgesprochene Kunstwerke geht, die man immer sorgfältig behandelt und aufgehoben hat – dem Abfall eine ganz besondere Funktion zu. Gerade alltägliche Dinge scheinen erst nach einer Phase der Randständigkeit, in der sie als Müll und Gerümpel gelten, als Sammlungsgegenstände interessant zu werden. Wir haben ähnliches bei den Papyri aus Abfallgruben und Mumienmasken gesehen. Offenbar hat die morbide Mechanik des Friedhofs, seine Ökologie des allmählichen Vergessens, die zu einem langsamen Verschwinden durch Verwesung führt, für das Erinnern eine wichtige und unverzichtbare Funktion. Erst die Erfahrung von Verlusten zeigt die Relevanz des Verlorenen auf und vermag einen produktiven Erinnerungsprozess einzuleiten, so dass man sich bemühen wird, zu retten, was noch zu retten ist.

Die Bibliothek als besonders ruhiges Büchergrab spielt bei diesem Vorgang eine wichtige Rolle. Sie schenkt den in ihr verwahrten Werken zwar nicht direkt Dauer, wohl aber Zeit und Aufschub und damit eine Chance auf nachhaltige Überlieferung, wenn ein Werk erneut herausgegeben oder wenigstens zitiert wird. Dafür freilich muss man sich von Zeit zu Zeit auch in die abgelegenen Winkel der Büchergrüfte begeben, die alten Bücher zur Hand nehmen und in ihnen lesen. Wenn Friedrich Nietzsche (1844–1900) in seinem Essay „Vom Nutzen und Nachteil der Historie für das Leben" verächtlich davon spricht, dass man mit Lust sogar „den Staub bibliographischer Quisquilien" fresse und sich dabei in „Moderduft" hülle, so verkennt er, dass genau dies notwendig ist, wenn man das langsam vergessende Gedächtnis der Bibliotheken nutzen möchte. Allerdings stellt sich – freilich ganz anders, als Nietzsche es vor Augen hatte – tatsächlich die Frage, ob dieses Wühlen im Staub der Bibliotheken denn tatsächlich so unbedenklich ist, wie ein romantisch-antiquarisches Gemüt es sich vielleicht vorstellen möchte. Denn in den alten Büchern schlummern nicht nur vergessene Gedanken, die es wiederzuentdecken gilt. Der unbedarfte Leser findet dort auch Gefahren für Leib und Leben, die er besser nicht unterschätzen sollte.

4.
Lesen ist ansteckend: Wie Bücher krank machen können

Pathogene Bücher

Ein trüber Herbstabend. Draußen dämmert es. Nebel steigen auf. Was kann es für einen bibliophilen Menschen Schöneres geben, als jetzt in einem gemütlichen Sessel zu sitzen und in einem alten Buch zu blättern, den weichen Ledereinband in der Hand zu spüren und behutsam das feste Papier mit seinen tief eingedruckten Buchstaben zu befühlen. Am Rand des Textes stehen Anmerkungen. Vermutlich lebt derjenige, dessen Schrift wir gerade mit mäßigem Erfolg zu entziffern versuchen, nicht mehr. Welche Geschichte mag das Buch gehabt haben? Wo mag es die beiden großen Kriege überdauert haben? „Habent sua fata libelli." (Bücher haben ihre Schicksale.) Dieser Ausspruch von Terentianus Maurus, einem Grammatiker des 2. Jahrhunderts, bezieht sich zwar darauf, dass verschiedene Leser einen Text auf unterschiedliche Weise verstehen. Er wird aber noch viel öfter auf das Buch als einen konkreten Gegenstand mit einer eigenen Geschichte bezogen, die sich an Gebrauchsspuren und Beschädigungen, aber auch an handschriftlichen Eintragungen ablesen lässt.

Darüber nachzudenken, durch wie viele Hände ein altes Buch schon gegangen sein mag, ist aber nicht nur guter Stoff für abendliche melancholische Betrachtungen im warmen Bücherzimmer. Es ergeben sich auch ernste hygienische Fragen, weil viel benutzte Bücher aus Bibliotheken in dieser Hinsicht nicht ganz unbedenklich sind. Der leichte Fettfilm auf den abgegriffenen anatomischen Atlanten der medizinischen Lehrbuchsammlung, der nur zu deutlich die häufige Benutzung am Seziertisch verrät, die fingergriffige Methodenlehre für angehende Juristen mit klebriger Foliierung oder die undefinierbaren Flecken auf dem Schnitt der schon etwas in die Jahre gekommenen Klassikerausgabe empfehlen ein Buch jedenfalls nicht als Bettlektüre. Der Gedanke, ob so ein stark benutzter Band nicht auch irgendwie ungesund sein könnte, drängt sich geradezu auf. Und er ist keineswegs abwegig.

Briefmarkensammler haben vielleicht schon einmal von dem etwas abgelegenen Spezialgebiet der Philatelie gehört, das sich mit der Desinfektionspost oder – wie es in Fachkreisen auch derber heißt – Seuchenpost befasst. Die Freunde entsprechender Postbelege interessieren sich für Briefe, die während einer Epidemie aus Seuchengebieten verschickt und aus Angst vor Ansteckung und Weiterübertragung der Krankheit meist über heißem Wasserdampf desinfiziert wurden. Solche Sendungen, die vor allem aus der Zeit der großen Choleraepidemien des 19. Jahrhunderts reich überliefert sind, weisen nicht nur spezielle Stempel auf, die die Durchführung der Desinfektion bestätigen, sondern auch verschiedene Einschlitzungen oder kleine Löcher, die dem Wasserdampf das Eindringen in den Briefumschlag erleichtern sollten. Was die Cholera angeht, so waren solche Maßnahmen im Grunde sinnlos, denn diese Krankheit wird nicht durch Briefe, sondern durch unsauberes Trinkwasser übertragen. Regelmäßig wiederkehrende Pressemeldungen über hochgefährliche Milzbranderreger aber, die in entsprechend präparierten Briefen ihre Opfer mit nicht selten tödlicher Wirkung erreichen, zeigen jedoch, dass die Übertragung von ansteckenden Krankheiten durch Papier mehr als nur eine theoretische Möglichkeit in der Phantasie übervorsichtiger Hypochonder ist.

Mit diesem Wissen wird man ein abgenutztes Bibliotheksbuch etwas nachdenklicher betrachten, und sei es auch nur dann, wenn eine akute Grippe im Umlauf ist. Doch es hilft nichts, die Augen vor diesem Problem zu verschließen. Denn dass hier tatsächlich ein Problem vorliegen könnte, zeigt beispielsweise § 7 Abs. 11 der aktuellen Benutzungsordnung der Bibliothek der Pädagogischen Hochschule in Freiburg. Er lautet:

> „Die Ausleihenden haben, wenn in der jeweiligen Wohnung eine übertragbare Krankheit im Sinne von § 6 Infektionsschutzgesetz in der jeweils geltenden Fassung auftritt, hiervon der Bibliothek umgehend Mitteilung zu machen. Die Bibliothek kann nach ihrer Wahl vor der Rückgabe von Bibliotheksmedien aus einer infizierten Wohnung eine Desinfizierung auf Kosten der Ausleihenden verlangen oder die Bücher auf deren Kosten desinfizieren lassen."

Nur sehr wenige Bibliothekare werden die ziemlich aufregende Vorgeschichte der in ihren Benutzungsordnungen immer wieder anzutreffenden ‚Seuchenparagraphen' kennen. Sie begann nach 1882, dauerte ungefähr bis zum Ersten Weltkrieg und nahm ihren Ausgang in Berlin. Wer dort vom Reichstag kommend auf der Dorotheenstraße in Richtung Staatsbibliothek geht, kann linker Hand ein kleines Schild an einem unscheinbaren Backsteinbau bemerken. Darauf ist zu lesen, dass in diesem Haus am 24. März 1882 Robert Koch (1843–1910) seinen bahnbrechenden Vortrag über die „Aetiologie der Tuberculose" gehalten hat. In diesem Vortrag, der in seiner Wirkung auf die Medizin und die Hygiene der damaligen Zeit gar nicht überschätzt werden kann, wies Koch schlüssig nach, dass Krankheiten durch Bakterien verursacht und übertragen werden können. Diese Erkenntnis hatte weitreichende Folgen. Man vermutete jetzt, was freilich ebenfalls übertrieben war, dass nahezu alle krankhaften Zustände einen bakteriellen Ursprung haben. Entsprechend rigoros wurden damals zur Förderung der Gesundheit der Bevölkerung alle möglichen öffentlichen Einrichtungen regelmäßig desinfiziert. Das galt für die Fernsprecher der Post, für Eisenbahnwagen und eben auch für Bücher in öffentlichen Bibliotheken.

Gerade die Bibliotheken wurden als Krankheitsherde besonders beargwöhnt. Das hatte auch lesegeschichtliche Gründe. Zum Zeitpunkt von Kochs Entdeckung nämlich war gerade die von einigen Buchwissenschaftlern so genannte zweite Leserevolution in vollem Gange. Während die erste Leserevolution im 18. Jahrhundert dazu führte, dass nicht mehr nur wenige Texte wie etwa die Bibel wiederholt intensiv gelesen wurden, sondern dass nun extensiv nach immer neuer Lektüre verlangt und diese Lektüre immer öfter auch rein zweckfrei als Freizeitbeschäftigung betrieben wurde, demokratisierte die sich anschließende zweite Leserevolution das Bücherlesen. Dies war möglich durch eine Verbilligung der Buchherstellung als Folge der industriellen Papierproduktion ab etwa 1850/60, vor allem aber durch eine zunehmende Alphabetisierung. Waren um das Jahr 1830 nur rund 40 % der Bevölkerung potenzielle Leser, so stieg diese Zahl vierzig Jahre später auf 75 % und erreichte um die Jahrhundertwende sogar 90 %. Die vielen neuen Leser wollten versorgt sein. Beliebte Lektürestoffe boten billige Kolportageblätter oder eben Leihbibliotheksromane, die gegen geringes Entgelt vermietet wurden.

Genau das aber war nach Robert Kochs revolutionärer Entdeckung für nicht wenige Bibliothekare ein ernstes hygienisches Problem. Man stelle sich nur einmal einen schwindsüchtigen Proletarier in irgendeiner feuchten Hinterhofwohnung vor, der unter beständigem Husten die Seiten eines entliehenen Bibliothekbuches umblättert. Und dann gelangt dieses Buch an eine Frau aus besseren Kreisen, die es vielleicht als Bettlektüre in das eheliche Schlafgemach mitnimmt oder es ihrer halbwüchsigen Tochter zu lesen gibt. Im Lichte der neuen bakteriologischen Erkenntnisse konnte so etwas natürlich nicht geduldet werden!

Aus durchsichtigen Gründen prangerten übrigens auch Verleger und Buchhändler diese Zustände an. Dass nämlich das wohlhabendere Bürgertum sein Bedürfnis nach trivialer Lektüre billig in der Leihbücherei stillte, anstatt sich den Lesestoff selbst zu kaufen, war ihnen immer schon ein Dorn im Auge. Jetzt hatten sie in der durch das Leihbibliotheksbuch drohenden Ansteckung mit Tuberkulose und anderen unangenehmen Krankheiten ein gutes Argument, vor dem Besuch dieser Einrichtungen zu warnen und den Aufbau einer eigenen kleinen Privatbibliothek als gesunde Alternative zu empfehlen. Sekundiert wurden diese Bemühungen durch regelmäßige Berichte in der bibliothekarischen Fachpresse, die von Infektionen bei der Lektüre eines ausgeliehenen Buches berichteten.

Wollte man angesichts dieser Bedrohung den Bibliotheksbetrieb nicht völlig einstellen, musste die Hygiene im Buchbestand verbessert, ja überhaupt erst einmal garantiert werden. Zu diesem Zweck wurde mit verschiedenen Desinfektionsmethoden experimentiert. Das war kein leichtes Unterfangen, denn bekanntlich verträgt Papier Feuchtigkeit nicht sonderlich gut. Gängig wurde am Ende der Einsatz von vernebeltem Formaldehyd. Ob der hygienisch-saubere

Geruch der Bücherzimmer, den übrigens auch ein anatomisches Institut mit seinen in Formaldehyd eingelegten Leichen ausstrahlt, der Leselust zuträglich war, ist nicht bekannt.

Man wird diese Hygienemaßnahmen in der Leihbücherei – die wissenschaftlichen Bibliotheken an den Universitäten haben wohl wegen des vornehmeren Publikums hier kein Betätigungsfeld für sich gesehen – in der Rückschau vielleicht belächeln. Doch war nicht alles bloße Einbildung und Hysterie. Man hatte durchaus Gründe für das, was man tat. So gab es ernsthafte wissenschaftliche Untersuchungen zu der Frage, ob das Leihbibliotheksbuch wirklich ansteckend sei. Medizinische Dissertationen und mehrere Aufsätze wurden über dieses Thema geschrieben. Sogar niedliche Meerschweinchen mussten im Dienste der Wissenschaft ihr Leben lassen. Ein im Jahr 1903 in den „Blättern für Volksbibliotheken und Lesehallen“ publizierter Aufsatz berichtet davon:

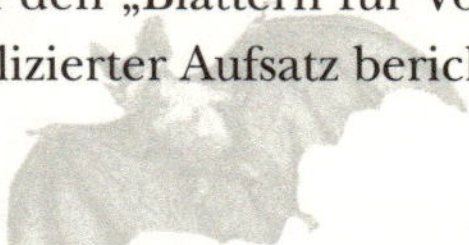

> Krausz „brachte von gebrauchten Schulbüchern bezw. Leihbibliotheksbüchern Streifen des Papiers in die Bauchhöhle von 3 Meerschweinchen; diese Versuchstiere gingen sämtlich an eitriger Bauchfellentzündung ein, während 8 analog behandelte Tiere, denen Streifen aus neuen Büchern bezw. von zum Binden fertiggestellten Bogen eingebracht wurden, alle gesund blieben … Das mit Sputum infizierte Papierstückchen wurde in einem Falle nach 103 Tagen in die Bauchhöhle eines Meerschweinchens eingenäht, dieses verstarb nach langem Siechtum, während welchem fortwährend Temperaturerhöhungen beobachtet wurden.“

Das war ein beunruhigendes Ergebnis. Am Ende aber konnte doch Entwarnung gegeben werden. Man stellte fest, dass eine Ansteckung über Bücher, die im Gebrauch kranker Personen waren, zwar nicht absolut auszuschließen sei, dass aber nur ein vergleichsweise geringes Erkrankungsrisiko bestehe. Nach dem Ersten Weltkrieg, der einer in mancherlei Hinsicht ‚überhygienischen' Gesellschaft allerschlimmste sanitäre Zustände aufgezwungen hatte, ohne dass diese daran zugrunde gegangen wäre, hat die Sensibilität für die Buchbazillen merklich abgenommen. Heutzutage ist die Ansteckung durch Bücher allenfalls bei den Patientenbüchereien der Krankenhäuser noch ein Thema.

Wer jetzt freilich meint, Bücher in Bibliotheken oder auf dem heimischen Bücherregal seien in jedem Fall gesundheitlich unbedenkliche Gegenstände, wiegt sich etwas voreilig in Sicherheit. Auch wenn wir nur selten pathogene Krankheitserreger im engeren Sinn auf ihnen finden, sind Bücher und Bibliotheken in mikrobiologischer Hinsicht überaus aktive Orte. Als wir uns mit der Verwesung von Büchern durch Schimmelpilze und andere Mikroorganismen beschäftigt haben, ist das bereits deutlich geworden. Schimmelpilze und ihre Stoffwechselprodukte sind aber weder für Bücher noch für den Menschen harmlos. Aus medizinischer Sicht drohen drei verschiedene Gesundheitsgefahren: die Mykose, also der Befall des menschlichen Organismus durch einen Buchpilz; die Mykoallergose als allergische Reaktion auf den Pilz oder seine Sporen; und schließlich die Mykotoxikose, die Vergiftung durch Stoffwechselprodukte des Pilzes. Echte Vergiftungen durch Buchpilze sollen angeblich nicht auftreten. Gleichwohl wird in der medizinischen Fachliteratur behauptet, das nierenschädigende Ochratoxin komme gelegentlich in alten Büchern vor – wie übrigens auch in Grabkammern. Soweit Leser eine schwache

Immunabwehr besitzen, sind Mykosen nicht ausgeschlossen. Durch die Atemwege etwa kann sich der Aspergillus, der in mehreren Arten zu feucht gelagerte Bücher besiedelt, in der Lunge festsetzen. Die dadurch ausgelöste Aspergillose gilt als schwer therapierbar und kann durchaus tödlich verlaufen. Zwar nicht lebensbedrohlich, aber mit sehr unangenehmen Begleiterscheinungen ist eine Pilzinfektion der Augen verbunden. Mit ihr kann sich ein Bibliotheksnutzer leicht infizieren, wenn er sich beim Blättern in schimmeligen Bänden die Augen reibt. Das wohl häufigste gesundheitliche Problem dürften allergische Reaktionen auf Buchschimmel sein.

Dass etwa in Magazinen keine dauerhaften Lese- und Arbeitsplätze eingerichtet werden dürfen, hat weniger mit einem gewissen Misstrauen gegenüber allzu bibliophilen Bibliotheksbesuchern zu tun, die stets eine Quelle von Unordnung und Diebstahl sind, sondern hat gesundheitliche Gründe. Wenn man in Benutzungsordnungen liest, dass die Bibliothek ihre Haftung auf Vorsatz und grobe Fahrlässigkeit beschränkt, so wird nur der uneingeweihte Leser dies auf herumstehende Bücherwagen oder herabfallende Folianten beziehen. Die interessanten Anwendungsfälle dürften sich eher auf mögliche Gesundheitsschäden bei der Benutzung mikrobiologisch verseuchter Bücher beziehen. Glücklicherweise sind solche Fälle in der Praxis recht selten, zumal als Folge der Digitalisierung ältere Bücher kaum noch im Original eingesehen, sondern bequem über das Internet konsultiert werden. Bei der tatsächlichen Benutzung älterer Bibliotheksbücher ist aber Umsicht angeraten.

Pilze und in seltenen Fällen auch Bakterien sind hier übrigens nicht das einzige gesundheitliche Problem. Zur Abwehr von Schimmelbefall behandelte man Bücher nämlich eine Zeit lang mit Sublimat, einer Chemikalie, die wegen ihrer pilztötenden Eigenschaft auch in der Anatomie zur Konservierung von Präparaten eingesetzt wurde. Davon nahm man aus guten Gründen wieder Abstand, denn bereits die winzige Menge von 0,2 bis 0,4 g kann für einen erwachsenen Menschen tödlich sein. Heute wird Sublimat in Bibliotheken zwar nicht mehr verwendet, doch ist nicht auszuschließen, dass Rückstände dieser Chemikalie im Papier verblieben sind. Gar nicht auszudenken ist, was in diesem Fall die schlechte Angewohnheit mancher Bibliotheksnutzer, ihre Finger vor dem Umblättern leicht mit der Zunge zu befeuchten, anrichten könnte. Hässliche Szenen, wie man sie aus der Verfilmung von Umberto Ecos (geb. 1932) Roman „Der Name der Rose“ kennt, kommen uns sogleich in den Sinn.

Leseseuchen

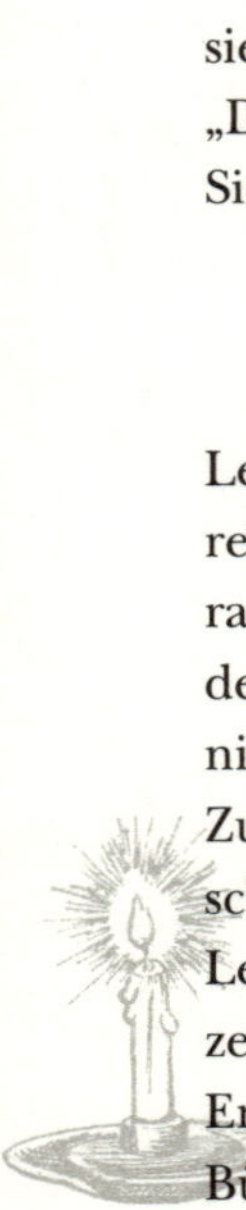

Lesen und die Beschäftigung mit Büchern gelten als kulturell hochwertig. Lehrer und Eltern sehen es gerne, wenn Heranwachsende einen guten Teil ihrer wertvollen Jugendzeit den Büchern widmen. So positiv wurde das Bücherlesen aber nicht immer eingeschätzt. Als im 18. und 19. Jahrhundert im Zuge der allgemeinen Alphabetisierung immer mehr Menschen Bücher lasen, wurde dies bei Frauen und bei einfachen Leuten stark beargwöhnt. Vor allem das Lesen als reine Freizeitbeschäftigung galt als Zeitverschwendung. Aber auch der Erwerb höherer Bildung durch die Lektüre anspruchsvoller Bücher wurde kritisiert, weil einfache Leute dadurch angeblich zu unanständigem Räsonieren verleitet wurden. Speziell weiblichen Lesern warf man vor, sich in romanhafte Scheinwelten zu flüchten und dabei nicht nur ihre familiären Pflichten zu vernachlässigen, sondern auch sittlich zu verwahrlosen. In seiner 1787 erschienenen „Glückseligkeitslehre aus Vernunftgründen“ schreibt der damalige Professor der Theologie an der Universität Dillingen und spätere Bischof von Regensburg Johann Michael Sailer (1751–1832):

> „Das Lesen kann besonders Mädchen gefährlich werden, daß sie besser in ein Musäum als in eine Haushaltung taugen. Was würde aus der Welt werden, wenn das Bürgersweib lieber einen Musenalmanach als die Spindel, das Modenjournal statt dem Kochlöffel in die Hand nähme, und einen gelehrten Aufsatz machte, wo sie ihr Kind waschen und kämmen sollte?“

Um der Kritik deutlicher und prägnanter Ausdruck zu verleihen, wurde die Vielleserei immer wieder mit einer Krankheit verglichen. Man sprach von einer Leseseuche, ja einer Lese- und Bücherpest. Womit zum einen die vermeintliche Schädlichkeit dieser Neigung unterstrichen, zum anderen aber auch ihr geradezu epidemisches Auftreten beschrieben wurde. Die Rede von Seuche und Pest im Zusammenhang mit der Buchlektüre ist aber mehr als nur eine starke Metapher. Darin schwingt auch ein moralischer Tadel mit, der als Missbilligung des schlechten Lesestoffes und des durch seinen Konsum drohenden Sittenverfalls gemeint war.

Das mag für heutige Ohren merkwürdig klingen, war den Menschen des 18. und 19. Jahrhunderts aber sofort begreiflich. Sie kannten Seuchen und schreckliche Epidemien nämlich nicht nur aus eigenem Erleben oder den Erzählungen von Menschen, die solche Ereignisse überlebt hatten. Sie kannten auch die bis weit in die Frühe Neuzeit hinein verbreiteten Erklärungsmuster für diese Krankheiten, die als göttliche Strafen für sündiges und lasterhaftes Verhalten gedeutet wurden. Da Seuche und Sünde in dieser Sicht zwei Seiten einer Medaille darstellten, betrafen Fragen der Moral auch die öffentliche Hygiene und gehörten deshalb zu den Angelegenheiten, für die die Obrigkeit sich zuständig erklärte. Vor diesem Hintergrund erstaunte es nicht, dass die neu erwachte Lesefreude in den Gesichtskreis staatlicher Stellen geriet. Es war damals die Zeit, in der sich der Staat im Sinne einer „guten Policey" nicht nur um Sicherheit und Ordnung, sondern auch um die Wohlfahrt, die Glückseligkeit und die Gesundheit seiner Untertanen kümmerte und durch administrative Maßnahmen zu fördern suchte. Dabei machte er selbst vor der privaten Lebensführung des Einzelnen nicht halt und erklärte etwa auch die Wahl der Lektürestoffe zu einem Gegenstand „policeylicher" Überwachung und Regulierung. Ganz im Sinne der allgemein gebräuchlichen Seuchenmetapher wurde dabei nicht nur die moralische Fragwürdigkeit gewisser Buchinhalte kritisiert, es wurden auch handfeste gesundheitliche Risiken ungeregelter Lektüre ins Feld geführt. Nach der damals herrschenden medizinischen Theorie nämlich galten starke Gefühle wie Furcht und Schrecken – Gefühle, die bei der Lektüre eines spannenden Romans ja auch den Leser ergreifen und regelrecht erschüttern können – als unmittelbar gesundheitsschädlich. Daher war es gar nicht abwegig, ein aufwühlendes Buch als Gesundheitsgefahr und eine übermäßige Lektüre als Krankheitsursache zu betrachten.

Ein gutes Beispiel für diese Sicht gibt der Arzt und Gesundheitsreformer Johann Peter Frank (1745–1821) im ersten Band seines 1779 erschienenen Hauptwerks „System einer vollständigen medicinischen Polizey". Mit Blick auf die ungeregelte weibliche Lektüre führt er aus:

> „Nicht die Natur des Weibes, sondern dessen Lebensart hat sich verändert: Das viele Thee und Coffee-Trinken … und das Blut erhitzende Lesen besonderer Bücher …

> Wo man hinsieht, trifft man in allen städtischen Gesellschaften, kleine blasse Gesichter mit breiten blauen Ringen um beide Augen, und entweder aufgedunsene oder ausgemergelte Körper an; welche die Fortpflanzung ihres gleichen gewiß nichts weniger, als erwünschlich machen können."

Der bereits erwähnte Sailer schreibt, die Seuchenmetapher aufnehmend, in seiner schon zitierten „Glückseligkeitslehre" dazu: „Schon die Leseseuche" sei „als Seuche so schädlich als irgend eine". Sie sei „schädlich der Gesundheit", denn sie trockne die „Säfte" aus und spanne „die Nerven ab". Sie sei „schädlich dem Verstande", „schädlich dem Herzen" und „schädlich der frohen Laune". Damit thematisiert er nicht nur eine durch Vielleserei ausgelöste Verstimmung. Sailer geht es hier, der Hinweis auf das Austrocknen der „Säfte" besagt es, auch um die physische Gesundheit. Das Gleichgewicht der Körpersäfte, das in der Medizin bis in das 19. Jahrhundert als Voraussetzung für das körperliche Wohlergehen angesehen wurde, bis Robert Koch diese Sicht durch seine Entdeckungen widerlegte, sah man durch das Lesen gefährdet, wenn nicht schon gestört. Da wundert es nicht, ein paar Jahre vor Sailers Ausführungen in dem von Johann Heinrich Zedler (1706–1751) herausgegebenen „Universallexikon aller Wissenschafften und Künste", dem großen Nachschlagewerk des 18. Jahrhunderts, die Ansicht zu finden, maßloses Lesen sei eine der Ursachen der Tuberkulose:

> „Auch leiden die Lebens-Geister grossen Abgang bey der Unruhe des Gemüths. Und darff man sich nicht verwundern, daß diese vermögend ist die Schwindsucht zu verursachen. Denn diejenigen … allzuviel studieren … haben schlechten Appetit, können wenig

> schlaffen, und schlaffen sie noch etwas so träumet ihnen doch lauter wunderliches Zeug, oder wenn auch dieses nicht ist, empfinden sie dennoch wenig Kräffte davon, sie stehen mätter auf, als sie sich niederlegten, wenn also alle Instrumental-Theile geschwächet sind, und mehr gute Säffte weggehen, als wieder dazu kommen, so muß nothwendig die Schwindsucht entstehen."

Solche Thesen waren für eine wirksame inhaltliche Kontrolle des Lesestoffes im Grunde ideal, denn mit dem rationalen Ziel der Gesundheitsförderung konnten so unter der Hand sittlich anstößige Lesestoffe reglementiert, ja die gesamte Lektüre der staatlichen Kontrolle unterworfen werden. Die ersten Rechtsvorschriften über die Einrichtung und Benutzung öffentlicher Bibliotheken, die wir kennen, sind daher auch „bibliothekspoliceylicher" Art. Sie betreffen die notwendige Erlaubnis, eine allgemein zugängliche Bibliothek zu eröffnen, sowie die Aufsicht über diese Einrichtung. Ein Preußisches Ministerial-Rescript vom 17. Februar 1826 gibt ein schönes Beispiel für diese Anfänge des Bibliotheksrechts aus dem Geist policeylicher Aufsicht:

> „Es liegt in den besonderen Verhältnissen des Gegenstandes, daß bei der Ertheilung der polizeilichen Erlaubniß zur Anlegung einer Leihbibliothek nicht allein auf die Qualifikation des Nachsuchenden, sondern auch auf die übrigen Umstände Rücksicht zu nehmen ist, wohin vornämlich auch eine für schädlich zu haltende Vermehrung der vorhandenen Leihbibliotheken und müßiger Leserei durch dieselben gehört, wie denn auch die so nöthige Aufsicht auf dieselben, durch unnütze Vermehrung derselben erschwert wird und die Concurrenz die Versuchung der Unternehmer

vermehrt, sich durch unsittliche Bücher Zulauf zu verschaffen.“

Der Autor einer kleinen kritischen Denkschrift über Büchereien und Lesegesellschaften aus dem Jahr 1794 bringt den gesundheitsfürsorglichen Aspekt dieser Art von Aufsicht auf den Punkt, wenn er fordert, die „Lesegesellschaften einer Policeyaufsicht zu unterwerfen und dadurch den Umlauf solcher Schriften die … Krankheiten, und wohl gar Gemüthsverwirrungen beförderten, … zu beschränken oder zu hemmen“.

Als die alten medizinischen Begründungen am Ende des 19. Jahrhunderts nicht mehr haltbar waren, konnte dies unter Verweis auf die Entdeckungen von Robert Koch leicht mit der nun erforderlichen hygienischen Sorge um das mit ansteckenden Bakterien verunreinigte Büchereibuch überspielt werden. Praktischerweise war in den Augen der Büchereiaufsicht vor allem die triviale Unterschichtenlektüre problembehaftet. Statt der im 18. Jahrhundert unablässig bemühten Metapher von der Leseseuche bediente man sich man am Ende des 19. Jahrhunderts im Licht der empirischen Naturwissenschaft der Gefahr realer Seuchenherde, um das unerwünschte Lesen trivialer Bücher in Schach zu halten. Während in der alten medizinischen Theorie bereits der physiologische Vorgang des Lesens selbst als schädlich galt, war es nun unreine Bibliotheksbuch, das zu gesundheitlichen Bedenken Anlass gab. Nachdem auch dies in der Breite nicht mehr haltbar war, wurde die medizinisch inspirierte Lesekritik zwar leiser, aber sie verstummte nicht völlig. Zwar konnte sie sich nicht mehr auf ein angeblich bedrohtes Gleichgewicht der Körpersäfte oder auf gefährliche Bücherbazillen berufen; aber für eine gewisse Zeit fand sie fachliche Fürsprecher in der Augenheilkunde, die vor dem schädlichen

Einfluss übermäßiger Lektüre auf die Sehkraft warnte. In den wohlbekannten Ermahnungen besorgter Eltern, nicht bei schlechtem Licht zu lesen, hat sie sich bis in die Gegenwart erhalten.

Damit sind wir wieder bei den echten Krankheiten angelangt, die in besonders gelagerten Fällen durch die Lektüre von Büchern hervorgerufen oder übertragen werden können. In der Rede von der Leseseuche hat sich der Umgang mit dem Buch als doppelt gefährlich erwiesen: zum einen, weil es aufgrund gewisser Verunreinigungen selbst Erkrankungen auslösen, und zum anderen, weil sich seine intensive Nutzung durch lang anhaltende Lektüre ebenfalls gesundheitsschädlich auswirken kann. Verklammert wurden beide Aspekte im Topos der Lese- oder Bücherseuche. Sie wirkt, versteckt freilich, bis heute fort.

Wer im katholischen Milieu sozialisiert wurde, kennt vielleicht den Borromäus-Verein und die von ihm getragenen und unterstützten kirchlichen Büchereien, die vor allem im ländlichen Raum oft die einzige öffentlich zugängliche Bibliothek darstellen. Sie sind damit ein wichtiger Faktor für die Lese- und Buchkultur gerade in strukturschwachen Gebieten. Das ist verdienstvoll. In seiner gut 170jährigen Geschichte hat der Verein immer großen Wert auf die Pflege des so genannten ‚guten' Buches und, als logische Kehrseite dieses Engagements, auch auf die Unterdrückung schlechter Trivial- und Schundliteratur gelegt. Der heilige Karl Borromäus (1538–1584), der Schutzpatron des Vereins und der katholischen Büchereien, war indes kein Bibliothekar, wie man meinen könnte, sondern Erzbischof von Mailand. Herausragendes leistete er durch die außerordentliche Sorge um die Pflege von Kranken und Sterbenden während einer verheerenden Pestepidemie in der zweiten Hälfte der 1570er Jahre. Er wurde daher nach seiner bereits 1610 erfolgten Heiligsprechung nicht als Förderer des guten Buches, sondern als Pestpatron besonders verehrt. Die zu seiner Ehre und zum Dank für die Überwindung der Pest in den Jahren 1716 bis 1739 erbaute Karlskirche in Wien ist ein prächtiges und eindrucksvolles Beispiel dafür. Vor dem Hintergrund der Klage über die Bücher- und Lesepest im Umfeld der schlechten Literatur ist es doch mehr als nur ein komischer Zufall, wenn ausgerechnet ein Seuchenheiliger die Arbeit der katholischen Büchereien und ihr Engagement für das gute Buch mit seiner Fürsprache begleitet.

Imaginäre Krankheiten

Dass Vielleserei und die Lektüre bedenklicher Inhalte als eine Gefahr für die leibliche und seelische Gesundheit betrachtet wurden, haben wir bereits im Zusammenhang mit der Metapher von der Leseseuche erfahren. Als physiologische Ursache identifizierte die ältere medizinische Theorie ein durch übermäßige oder zweifelhafte Lektüre hervorgerufenes Ungleichgewicht der Körpersäfte, das zu Krankheit und Siechtum führe. Diese Theorie, der wir schon bei Sailer begegnet sind, wurde von der modernen Medizin längst widerlegt. Die Auffassung, dass der Umgang mit Büchern schädliche Auswirkungen auf die Gesundheit haben kann, hatte jedoch Bestand und wurde bis ins 20. Jahrhundert hinein vertreten. Erfahrene Bibliothekare, die noch mit echten Büchern Umgang pflegen und nicht völlig in die virtuelle Welt digitaler Bibliotheken abgetaucht sind, wissen sofort, wovon die Rede ist, wenn sie bei einem ungarischen Kollegen, dem Philosophen Belá Hamvas (1897–1968), in dessen kleinem Essay über Richard Burtons (1577–1640) berühmte „Anatomie der Melancholie" lesen: „Ihre Gesichter sind grau, ihre Augen ohne Schimmer, sie sind kurzsichtig, ihre

Bewegungen grotesk ... Bibliothekare" seien Menschen, die „sich in der staubigen, abgestandenen Dämmerung, zwischen dunklen Nischen und labyrinthartigen Bücherregalen zu Hause" fühlten. Sie „leben in der Dämmerung und sind grau wie Kellerasseln". Und dunkel-verrätselt fügt Hamvas noch hinzu: „Jeder Bibliothekar hat eine starke und tiefe Bindung zur Unterwelt. Ein Mensch, der sich in der Nähe von Büchern aufhält, fällt notwendigerweise der Bibliolatrie anheim."

Was es auch immer mit dieser Bibliolatrie auf sich hat, sie ist offenbar kräftezehrend und dämpft die Lebensgeister. Jedenfalls bleibt geistige Arbeit, die sich ja vor allem an und mit Büchern vollzieht, offenbar nicht ohne Spuren. Wenn Friedrich Schiller am 29. August 1795 in einem Brief an Goethe schreibt, dass es mit seiner Gesundheit noch nicht besser gehe, denn „die Musen saugen einen aus", so finden wir hier vielleicht die gleichen Kräfte am Werk, deren Auswirkungen Hamvas schildert und von denen es bei Zedler heißt, sie seien auszehrend. Auch Simon-Auguste Tissot (1728–1797), ein zu seiner Zeit bekannter Diätetiker weiß vom sorglosen Umgang mit Büchern nichts Gutes zu berichten: „Bücher", so schreibt er, „erschöpfen den Geist, und entkräften den Leib". Die Gelehrten liefen Gefahr, sich „mit Büchern, Manuscripten, Medaillen, alten Inschriften, unauflösbaren Buchstaben" regelrecht zu töten. Als besonders riskant galt nach Ansicht Tissots die Arbeit bei Dämmerung und Dunkelheit:

> „Die Alten, klüger als wir, kannten diese Gefahr besser, ... und Asinius Pollio, dieser berühmte römische Consul und Redner, der die erste Bibliothek in Rom anlegte, wußte es so wol, daß das nächtliche Studieren schädlich wäre, daß er von der zehenden Stunde an, das ist zwei Stunden vor der Sonne Untergang, sogar keine Briefe mehr las."

Da Bibliothekare und andere buchaffine Menschen tatsächlich oft bis in die späten Abendstunden mit ihren Büchern arbeiten oder sich in einer Bibliothek aufhalten, können die von Hamvas beschriebenen Beobachtungen sehr gut auf die Ausführungen Tissots bezogen werden.

Was aber ist die Ursache für den offenbar durch die intensive Beschäftigung mit Büchern hervorgerufenen Zustand? Könnte es vielleicht an der so genannten Lukubration, am Bücherstudium zu abendlich-nächtlicher Zeit, liegen? Kann es sein, dass der Geist des Lesers in der Stille und Dunkelheit der Nacht, wenn er ungestört ist von der Geschäftigkeit des Tages, sich unwillkürlich für etwas öffnet, was man, wenn überhaupt, nur mit großer Vorsicht an sich heranlassen sollte? Zwar schreibt der Philosoph Georg Wilhelm Friedrich Hegel (1770–1831) in seinen 1821 erschienenen „Grundlinien der Philosophie des Rechts", dass „die Eule der Minerva erst mit der einbrechenden Dunkelheit ihren Flug" beginnt – ein Satz, den passionierte Nachtarbeiter zu ihrer Rechtfertigung gerne zu zitieren pflegen. Aber ist es tatsächlich die Eule der Minerva, die da im Halbdunkel der Bücherregale zum Flug ansetzt? Oder ist es nicht vielleicht eine ganz andere Kreatur?

Eine erste Antwort auf diese Frage gibt uns vielleicht ein Zeitgenosse Hegels, der spanische Maler und Graphiker Francisco José de Goya (1746–1828) in dem berühmten, im Jahr 1799 veröffentlichten Blatt Nr. 43 aus seinem Zyklus „Caprichos". Wir sehen darauf einen über seinen Manuskripten entschlummerten Mann. Ihn umgeben zunächst Eulen als traditionelles Symbol für Weisheit und Wissenschaft. Sobald die Vögel aber im Hegelschen Sinn zum Flug ansetzen, verwandeln sie sich unversehens in Fledermäuse. Diese Tiere symbolisieren in der Bildersprache Goyas den Vampir und damit die unheimliche Kreatur der Nacht schlechthin.

„Capricho" Nr. 43 von Goya.

Will Goya dem Betrachter seines Caprichos etwa sagen, dass wir im Dämmerzustand ermüdeter Lektüre, im Zwischenreich von Traum und Wirklichkeit unheimlichen Ideen und Vorstellungen zum Opfer fallen können? Friedrich Schiller, der ja seine eigenen Erfahrungen mit den kräftezehrenden Musen machte, würde es vielleicht so sehen. Doch fällt seine Aussage in dem bereits zitierten Brief eher beiläufig, so dass man ihr kein allzu großes Gewicht beimessen kann. Schiller freilich war nicht der einzige, der sich zu diesem Thema äußerte. Das wohl berühmteste Gedicht der amerikanischen Literatur, „The Raven", das Edgar Allen Poe (1809–1849) im Jahr 1845 zum ersten Mal veröffentlichte, darf in diesem Zusammenhang nicht übergangen werden. Gleich die ersten Zeilen gehen auf die Problematik der Lukubration ein:

„Once upon a midnight dreary, while I pondered,
weak and weary,
Over many a quaint and curious volume of forgotten
lore,
While I nodded, nearly napping, suddenly there came
a tapping,
As of some one gently rapping, rapping at my chamber
door."

„Einst in dunkler Mittnachtstunde, als ich in entschwundner Kunde
Wunderlicher Bücher forschte, bis mein Geist die Kraft
verlor
Und mir's trübe ward im Kopfe, kam mir's plötzlich vor,
als klopfe
Jemand leis ans Tor, als klopfe – klopfe jemand sacht
ans Tor."

Das lyrische Ich als Leser mit seinen Büchern. Illustration in „The Raven“ von Edgar Allan Poe in einer Ausgabe von 1869.

Poe hat die nächtliche Lektüre als Einbruchstelle des Unheimlichen in die Realität gestaltet. Interessant ist hier, dass die Lektüre des lyrischen Ichs offenbar abgelegene Themen zum Inhalt hat.

Das Gedicht endet in Zerrüttung und Trostlosigkeit. Poe freilich beschreibt nur den Vorgang des nächtlichen Lesens und sein Ergebnis, liefert aber keine Erklärung dafür. Nähere Aufschlüsse über die möglichen Ursachen für die kräftezehrende Wirkung nächtlicher Lektüre lassen sich bei Gustav Meyrink (1868 – 1932) finden. Der Autor phantastischer Bücher und praktizierende Okkultist spricht in seinem 1913 veröffentlichten Roman „Der Golem" von der lästigen „Gabe, überall mahnende, bedeutsame Formen zu sehen, die in unsern Träumen ins Riesengroße auswachsen", und von der „Gewißheit, daß unser eigenstes Inneres … gegen unsern Willen ausgesogen wird, nur damit die Gestalt des Phantoms plastisch werden könne".

Die geheimnisvolle Krankheit, die den unmäßigen Leser anfallen kann und deren Auswirkungen uns Hamvas deutlich vor Augen gestellt hat, scheint also ihre Wurzel in den irrationalen Traumwelten zu haben, die insbesondere die nächtliche Lektüre absonderlicher Bücher gebiert. Offenbar können Bücher beim Leser Imaginationen auslösen, die so stark sind, dass sie sich zu einer Realität des Fiktiven verdichten und von ihm Besitz ergreifen können – mit zuweilen verheerenden Folgen für seine geistige und körperliche Gesundheit. Das Prinzip, das hier wirksam ist, trägt also gewisse vampirische Züge. Entsprechend wird es von dem Schriftsteller Uwe Timm (geb. 1940) umschrieben, der sich im Jahre 2009 im Rahmen seiner Frankfurter Poetikdozentur wie folgt äußerte:

„Die Bücher, die Romane haben ihr Ende, aber sie sind nicht tot. Auch wenn sie verstaubt und vergessen herumstehen oder -liegen, warten sie auf ihre Opfer, greift der Leser zu und beginnt zu lesen und liest sich fest, rauben sie ihm, wie Vampire, indem sie sich selbst zum Leben bringen, seine Lebenszeit."

An dieser Stelle können wir an den Anfang dieses Buches anknüpfen. Dort wurde die mehr oder weniger sichtbare Gegenwart der Toten in der Bibliothek beschrieben, die sich in einigen Fällen sogar als eine reale und körperliche Präsenz erwies. Im Allgemeinen ist die Präsenz der Toten aber geistiger Natur, durch deren Bücher und Schriften vermittelt. Gleichwohl, so haben wir gesehen, kann der Geist der Toten durchaus die Gedanken ihrer Leser ergreifen, kann er – wie die untoten Vampire – seine Opfer anfallen und ihnen das Leben aussaugen. Zumindest müssen die Leser jede einzelne gelesene Seite mit ihrer unwiederbringlichen Lebenszeit bezahlen. Hamvas hat die auszehrenden Auswirkungen unmäßiger Lektüre im Bild des ergrauten Bibliothekars anschaulich beschrieben. Auf diesem Hintergrund wird auch verständlich, warum ein bibliophiler Autor wie Ernst Jünger (1895–1998) über Bibliotheken die verstörende Bemerkung machen konnte, „dass das frische Leben in diesen Ossuarien des menschlichen Geistes jene Beängstigung empfindet, welche die Nähe des Todes erweckt".

Wenn die Toten, die in den Büchern schlummern, durch die Lektüre wieder zum Leben erweckt werden, dann sind wir in der Bibliothek in der Tat von lauter potenziellen Untoten umgeben und umstellt, die uns heimsuchen, sobald wir ein Buch aufschlagen und zu lesen beginnen. Die Überlegungen der alten Diätetiker zur Lukubration wollen uns warnen: Wenn wir nicht achtsam sind, die Lektüre nicht gut dosieren und vor allem in der Stille einer spätabendlichen Lesestunde Realität und Fiktion nicht mehr so recht zu unterscheiden vermögen, dann können wir Opfer einer imaginären Krankheit werden, die kein medizinisches Labor entdecken und keine Hygiene verhüten kann. Dann entsteigen absonderliche Ideen und bizarre Vorstellungen wie modrige Vampire den Grüften der Magazine und bemächtigen sich des unaufmerksamen Lesers.

Bibliothekare, die an einer Bibliothek mit einem großen parapsychologischen Bestand arbeiten, können übrigens sehr glaubhaft mehrere Fälle schildern, in denen Leser durch die andauernde Beschäftigung mit randständigen Büchern, mit den „volumes of forgotten lore", geistig und körperlich bis hin zur Hospitalisierung verfallen sind. Die imaginäre Krankheit, die Bücher und Bibliotheken beim unvorsichtigen Leser hervorrufen können, und die am Ende alles andere als imaginär ist, hat dann ein neues Opfer gefunden.

Gefährliche Brutstätten des Geistes und virales Lesen

Bibliophile Menschen werden es nicht gerne hören, wenn man Bibliotheken als pathogene Orte begreift, die für den unbedarften Leser eine reale Gesundheitsgefahr darstellen können. Dabei ist der medizinisch-hygienische Sachverhalt zugleich eine sehr treffende Metapher dafür, wie eine Bibliothek funktioniert und wie die in ihr gesammelten Inhalte wirken. Denn die Ansteckung mit Keimen oder die Infektion mit Schimmelpilzen entspricht der Funktionsweise eines mikrobiologischen Netzwerkes, das der Verbreitung von Erbgut, letztlich also von Information, dient. In dieser Hinsicht funktioniert ein Bibliothekssystem, das seine Bücher an die unterschiedlichsten Leser verteilt, die diese Inhalte wiederum in sich aufnehmen und in ihrer eigenen literarischen Produktion weitergeben, wie Schimmel. Nicht von ungefähr spricht die Kommunikationswissenschaft bei der besonders erfolgreichen Verbreitung von Nachrichten und Themen auch von viraler Kommunikation. Als virale Orte freilich würde man Bibliotheken eher nicht bezeichnen wollen. Dafür geht ihre Multiplikationsleistung zu langsam vonstatten. Andererseits bieten Bibliotheken mit ihren reichhaltigen Beständen aus allen nur denkbaren zeitlichen, politischen und kulturellen Kontexten immer auch einen Kontrapunkt zu aktuellen Moden oder herrschenden Meinungen. Im Schatten der Regale kann oppositionelles und alternatives Denken Nahrung finden und wachsen. Nicht umsonst gelten Bibliotheken vielfach als gefährliche und beargwöhnte Brutstätten des Geistes.

Von den Bibliothekaren erwartet man daher, dass sie den Zugang zu unerwünschten Büchern reglementieren. Jede Zeit kennt solche Bücher. Es gibt sie auch heute noch. Sie werden in den berüchtigten – wie man in Bibliothekskreisen sagt – Giftschränken verwahrt, und ihre bibliographischen Daten tauchen in manchen Bibliothekskatalogen gar nicht auf. Für die Allgemeinheit ist die Existenz dieser Bücher also unsichtbar. Das in ihnen enthaltende Gedankengut wird unter Verschluss gehalten. Beschreibt und versteht man Bibliotheken als virale Systeme, die die Phantasie ihrer Leser infizieren können, dann sind die Giftschränke Teil ihres Immunsystems. Dort stellt sich der Bibliothekar dem Kampf gegen das bedenkliche Buch und schreitet als ‚Fresszelle' im Dienste der Hochkultur und der herrschenden Meinung entschlossen gegen Schund und Schmutz ein. Der Bibliothekar wird so zu einem Hygieniker des Geistes.

Wir haben bereits weiter oben gesehen, dass die realen hygienischen Bedenken gegen die Bibliothek als einem unsauberen und krankmachenden Ort immer auch auf die Marginalisierung einer bestimmten Art von Literatur und auf die Ausgrenzung gewisser Leserkreise zielten. Es ist fraglich, ob diese Anstrengungen, in deren Tradition die noch immer existierenden Giftschränke stehen, wirklich Erfolg hatten. Dass sie heutzutage anachronistisch sind, weil Fernsehen und Internet die Bibliotheken und ihre mediale Wirksamkeit ohnehin in den Schatten stellen, daran wird man aber keinen Zweifel haben.

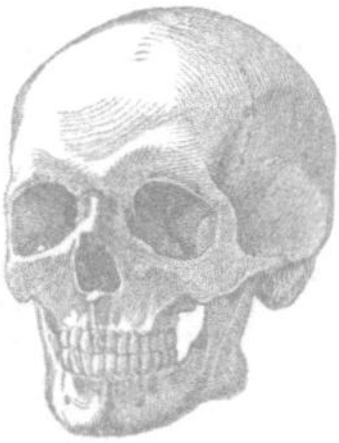

5.
Das Grauen nistet im Regal: Warum wir an Monster glauben, und was Bibliotheken damit zu tun haben

Wir hatten Bücher mit Krankheitserregern verglichen, weil sie neben ihrem realen Infektionspotenzial die Fähigkeit besitzen, gefährliche oder unliebsame Ideen unkontrolliert unter den Menschen zu verbreiten. Das klingt zunächst harmlos und vielleicht auch sympathisch subversiv. Wenn eine Idee aber zu einer ‚fixen Idee' wird und sich im Kopf eines Menschen festsetzt, kann dies auch böse Folgen haben und unheimlich werden. Gerade Bibliotheken, die viele veraltete Bücher in ihrem Bestand haben, sorgen zuverlässig dafür, dass obskure Vorstellungen erhalten bleiben, dass man an Dinge glaubt, die der gesunde, durch übermäßige Lektüre noch nicht getrübte Menschenverstand für unmöglich hält. Wir haben solche absonderlichen Ideen und Vorstellungen, die abseitigen alten Büchern entsteigen, die sich des Lesers bemächtigen und sich in seinem Geist ‚einnisten' können, bereits weiter oben mit Vampiren verglichen und in diesem Zusammenhang vom vampirischen Charakter der Lektüre gesprochen. Zwischen Vampirismus und der Lektüre alter Bücher besteht aber nicht nur ein metaphorischer Zusammenhang. Wie im Folgenden gezeigt werden soll, ist vielmehr die Figur des Vampirs selbst nichts anderes als das Ergebnis abseitiger Lektüre. Bücher und Bibliotheken haben nämlich, wie wir sehen werden, einen ganz besonderen und bislang noch wenig gewürdigten Anteil daran, dass der Vampir sein Nischendasein in einem randständigen südosteuropäischen Volksglauben verlassen und zu dem wohl einzigen echten Mythos der Neuzeit aufsteigen konnte. Dieser Mythos wurde auf einigen verschlafenen Dorffriedhöfen geboren. Aber erst durch Bücher und Bibliotheken hat er sich verbreitet und voll entfaltet.

Nekrophile Vampyrologen

Wir schreiben das Jahr 1725. Der österreichische Kameralprovisor Frombald hatte den ungewöhnlichen Auftrag, auf einem serbischen Dorffriedhof eine angebliche Vampirleiche zu exhumieren und zu untersuchen. Gewisse ‚vampirische' Phänomene hatten die Bevölkerung beunruhigt. Menschen wurden krank und starben. Um sich gegen die vermeintlichen Übergriffe von Vampiren zu wehren, wurden daher immer wieder heimlich verdächtige Leichen auf den Friedhöfen ausgegraben und brutal geschändet. Mochte man den Aberglauben der Leute auch geflissentlich übersehen, die Störung der Totenruhe und damit der öffentlichen Ordnung konnten die Behörden nicht dulden. Sie begannen daher selbst, sich für Vampire, vor allem aber für die angeblichen Vampirleichen, zu interessieren. Dieses Mal nun sollte ein gewisser Peter Plogojoviz († 1725) als Vampir umgehen und dabei sogar einen Menschen getötet haben. Frombald ließ Plogojowiz' Leichnam also exhumieren und legte seiner vorgesetzten Stelle über die anschließend erfolgte Sektion einen ausführlichen Bericht vor. Darin heißt es in der nüchternen und leicht umständlichen Amtssprache der damaligen Zeit:

„habe ich mich … in benanntes Dorf … begeben den bereits ausgegrabenen Cörper des Peter Plogojowiz besichtiget und gründlicher Wahrheit gemäß folgendes befunden: daß Erstlich von solchem Cörper und dessen Grabe nicht der mindeste sonsten der Todten gemeiner Geruch verspüret; der Cörper ausser der Nasen, welche etwas abgefallen gantz frisch; Haar und Bart ja auch die Nägel, wovon die alte hinweg gefallen, an ihme gewachsen; die alte Haut, welche etwas weißlicht ware, hat sich hinweg geschellet, und eine frische neue darunter hervor gethan; das Gesicht Hände und s. v. Füsse und der gantze Leib waren beschaffen, daß sie in seinen Lebzeiten nicht hätten vollkommener seyn können. In seinem Mund hab nicht ohne Erstaunung einiges frisches Blut erblickt, welches, der gemeinen Aussag nach, er von denen durch ihme umgebrachte, gesogen. In summa waren alle Inditia vorhanden, welche derley Leute … an sich haben solten. Nachdem nun … ich dieses Spectacul gesehen, der Pövel aber mehr und mehr ergrimter als bestürtzter wurde, haben sie gesamte Unterthanen in schneller Eil einen Pfeil gespitzet, solchen, dem Todten-Cörper zu durchstechen, an das Hertz gesetzet, da dann bey solcher Durchstechung nicht nur allein häuffiges Blut, so gantz frisch, auch durch Ohren und Mund geflossen, sondern andere wilde Zeichen (welche wegen hohen Respect umgehe) vorbeygangen; sie haben endlich oftermeldten Cörper, in hoc casu, gewöhnlichem Gebrauch nach, zu Aschen verbrennet. Welches dann einer Hochlöblichen Administration hinterbringen, und anbey unterthänigst gehorsamst bitten wollen, daß, wann hierinfals einen Fehler begangen haben sollte, solchen nicht mir, sondern dem vor Forcht ausser sich selbst gesezten Pöfel beyzumessen.“

Auch wenn sich in Frombalds Bericht kein direkter Beweis für die tatsächliche Existenz von Vampiren findet, so waren die an der exhumierten Leiche zutage getretenen Zeichen doch nicht zu übersehen und nach wie vor beunruhigend. Die Obrigkeit jedenfalls, die durch eine nach rationalen Kriterien vorgenommene Leichenschau die Existenz von Vampiren eigentlich schnell in das Reich der Legende verbannen wollte, hatte ihr Ziel nicht erreicht. Im Gegenteil, Frombalds Bericht war nur der Auftakt für eine intensive Beschäftigung mit ‚vampirischen' Phänomenen und machte das Thema erst richtig bekannt. Vampire und angebliche Vampirattacken beschäftigen die Behörden weiterhin, neue Exhumierungen und Sektionen mutmaßlicher Vampirleichen wurden angeordnet. Eine 1732 von mehreren Militärärzten durchgeführte Untersuchung war dabei besonders markant, denn die Mediziner exhumierten und begutachteten gleich einen halben Friedhof. Einige der ausgegrabenen Leichen waren tatsächlich verdächtig, wie dem ausführlichen Bericht der beteiligten Ärzte zu entnehmen ist:

> „Bey der Secierung habe ich gefunden, daß sie in dem Angesicht ganz roht, und lebhafter Farb ware, und wie oben gemeldet, sie … sey umb Mitternacht umb den Hals gewürget worden; sich auch augenscheinlich gezeiget, daß sie rechter Seithen unter dem Ohr einen blauen … Fleck eines Fingers lang gehabt. Bey Herausnehmung ihres Grabs flosse eine Quantität frischen Geblüeth aus der Nasen; nach der Secirung fande ich, wie oben schon oft gedacht, ein rechtes balsamisches frisches Geblüeth, nicht allein in der Höle der Brust, sondern auch in ventriculo cordis. Die sammentliche Viscera befanden sich in vollkommenen gesunden und guthm Statu; die untere Haut des ganzen Cörpers,

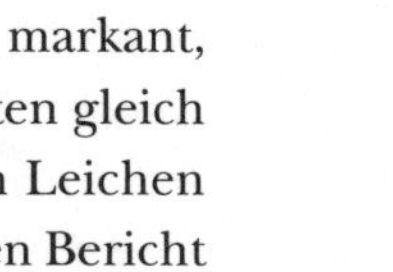

sambt denen frischen Nägeln an Händen und Füssen, waren gleichsam ganz frisch.“

Wegen der ungewöhnlichen Phänomene, die man beobachtet hatte, gelang es auch dieser Untersuchung nicht, den Vampir in das Reich der Fabel befördern. Denn entsprechende Berichte, die uns heute durch die Publikation alter und interessanter Behördenakten zugänglich sind, waren auch der damaligen Öffentlichkeit wohl bekannt, weil verschiedene Zeitungen sie sehr schnell in ganz Europa verbreiteten. Der Vampirismus wurde so nicht nur spektakulärer Gegenstand galanter Konversationen in den Salons, er weckte auch das Interesse der Wissenschaft. Gleich mehrere wissenschaftliche Veröffentlichungen beschäftigten sich ernsthaft mit dem Thema und verhandelten die Frage, ob die Existenz von Vampiren tatsächlich möglich sei. Etliche dieser Abhandlungen, die sich übrigens guter Nachfrage erfreuten und für den Buchhandel der damaligen Zeit recht lukrativ waren, entstanden im Umkreis der Universität Leipzig. Man spricht in diesem Zusammenhang daher auch von der Leipziger Vampirdebatte. Den Ausgangspunkt der verschiedenen Erörterungen bildeten im Wesentlichen drei unbestreitbare Fakten, nämlich erstens das plötzliche und unerklärliche Sterben mehrerer Menschen in kurzer Zeit, zweitens der auffällig frische Zustand der untersuchten Vampirleichen und drittens der Umstand, dass die ‚Vampirseuche‘ nach der Vernichtung oder Schändung des verdächtigen Leichnams plötzlich zum Stillstand gebracht worden war. Angesichts dieser drei empirisch nicht zu bestreitenden Punkte ließ sich das Vampirphänomen nicht einfach als ungebildetes und haltloses Gerede abtun. Den wohl einflussreichsten Versuch einer Erklärung lieferte der Theologe Michael Ranft (1700–1774) in seiner 1725 erstmals publizierten Disserta-

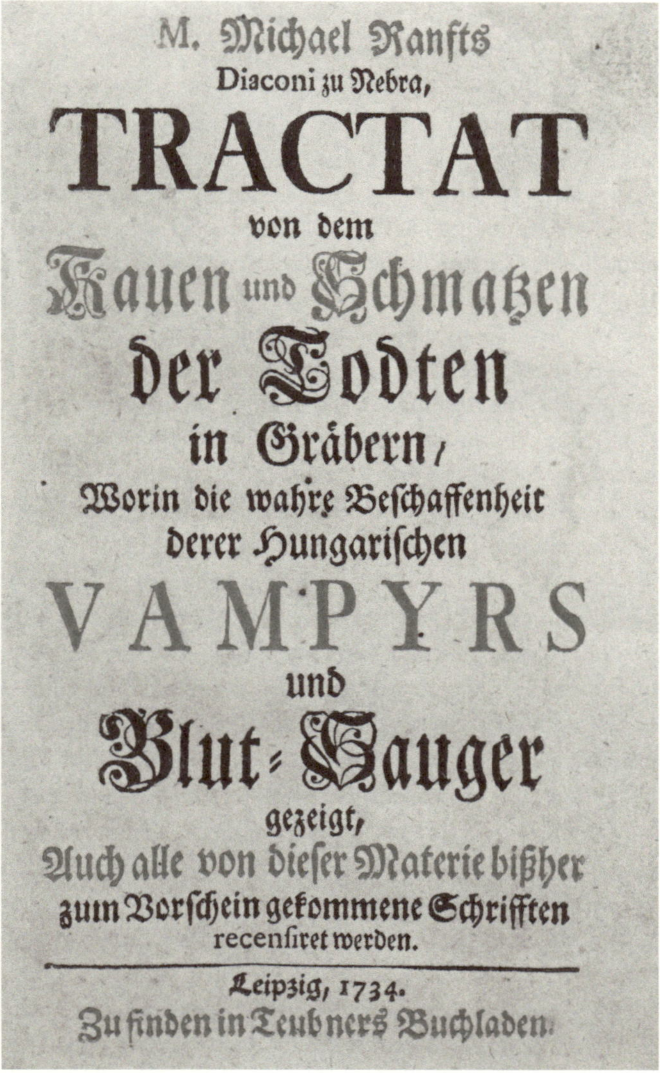
M. Michael Ranfts
Diaconi zu Nebra,
TRACTAT
von dem
Kauen und Schmatzen
der Todten
in Gräbern,
Worin die wahre Beschaffenheit
derer Hungarischen
VAMPYRS
und
Blut-Sauger
gezeigt,
Auch alle von dieser Materie bißher
zum Vorschein gekommene Schrifften
recensiret werden.

Leipzig, 1734.
Zu finden in Teubners Buchladen.

Die deutsche Ausgabe von Ranfts Dissertation wurde 1734 bei Teubner verlegt, ein bis heute renommierter Wissenschaftsverlag.

tion „De masticatione mortuorum in tumulis" (Über das Schmatzen der Toten in den Gräbern).

Die für heutige Ohren ziemlich abstrus klingenden Argumentationsgänge des Autors können wir im Detail übergehen. Schließlich kam er – wie einige andere Autoren übrigens auch – zu dem Ergebnis, dass man die Existenz von Vampiren für möglich halten müsse. Dabei gingen Ranft und andere allerdings nicht davon aus, dass der Vampir – wie Graf Dracula – sein unter der Erde liegendes Grab verlassen und wieder aufsuchen könne. Vielmehr stellte man sich ihn als einen so genannten Nachzehrer vor, also als einen ‚lebenden Leichnam', der in seinem Grab liegend die Lebenskraft von Personen, die ihm im Leben nahestanden, abzieht, um daraus Energie für die eigene Existenz zu gewinnen. Dieser Prozess, so nahm man an, äußere sich im Wesentlichen durch Schmatzen und Kauen am Leichentuch des Toten sowie durch das Ausbleiben der üblichen Verwesung. Um sich das Absaugen der Lebensenergie plausibel zu machen, unterstellte man, dass die Vampirleiche über eine Art Restlebensenergie verfüge, die auf naturmagische Weise mit der Lebensenergie von ehemals nahestehenden Menschen verbunden sei, so dass der untote Leichnam davon zehren könne. Dem Toten wurde kein Bewusstsein zugebilligt, sondern man betrachtete ihn als eine niedrige Lebensform, vergleichbar etwa mit einer Pflanze. Die einzige Möglichkeit, die unheilvolle Verbindung zwischen der Leiche und den Lebenden zu kappen, bestand darin, den Leichnam zu zerstören.

Mit dieser hier in groben Zügen skizzierten Theorie konnten alle drei bei einer Vampirepidemie beobachteten Fakten schlüssig erklärt werden, ohne den alten Aberglauben oder volkstümliche Vorurteile zu bestätigen. Denn argumentiert wurde mit Energieströmen, was den Erklärungen einen gewissen physikalisch-naturwissenschaftlich Tenor und damit einen seriösen Anstrich gab. Berichten, denen zufolge Vampire in Gestalt von Gespenstern die Lebenden besuchten, trat man entschieden entgegen und verwarf sie einhellig als abergläubische Einbildungen. Mit der nun vorgelegten Erklärung hatte das Vampirproblem seinen übernatürlichen Charakter zwar weitgehend verloren. Die Behörden konnte diese Lösung dennoch nicht zufriedenstellen. Denn die vorgeschlagenen Gegenmaßnahmen führten weiterhin dazu, dass Leichen exhumiert wurden, um die vorgeblichen Vampire unschädlich zu machen.

Die endgültige Lösung des Problems gelang schließlich einem Bibliothekar, der als einer der wohl einflussreichsten Vampyrologen seiner Zeit gelten darf, nämlich Baron Gerard van Swieten (1700–1772), Präfekt der Wiener Hofbibliothek und zugleich ein enger Vertrauter der Kaiserin Maria Theresia (1717–1780). Van Swieten war von Hause aus Mediziner und ein leidenschaftlicher Aufklärer. Mit der Gründlichkeit eines empirisch arbeitenden Naturwissenschaftlers und der Erfahrung eines geübten Anatomen studierte er die Berichte über Vampirleichen und kam zu einem simplen Schluss: Die angeblichen Vampire seien nur das Ergebnis einer langsamer verlaufenden Verwesung, und die gehäuften Todesfälle, über die berichtet wurde, ließen sich entweder auf hysterische Einbildung zurückführen oder durch Infektionskrankheiten erklären. Mit einem Kaiserlichen Gesetz wurden daraufhin 1755 jegliche eigenmächtige Vampirexekutionen verboten. Dreißig Jahre nach Frombalds Bericht war das Thema Vampirismus praktisch erledigt und fand auch in der wissenschaftlichen Diskussion kein Interesse mehr.

Dennoch wurde in der Folgezeit die Existenz von Vampiren immer wieder ernsthaft behauptet. So verteidigte der Münchener Gelehrte Joseph von Görres (1776–1848) in seinem 1840 erschienenen umfangreichen Werk „Christliche Mystik“ die alte These vom Nachzehrer und behauptete:

> „Die Vampyrisierten sind also von den Todten wahrhaft organisch Besessene, und das Volk hat in seinem Instinkte auch diesmal richtiger gesehen, als die Gelehrten in ihrem durchgängig verneinenden Verstande. Es hat überdem im Verbrennen der Leiche das einzig wirksame Heilmittel gegen diese Seuche ausgefunden.“

Auch Josef Anton Maximilian Perty (1804–1884), ein berühmter Entomologe aus Bern, teilte diese Ansicht. Ein 1873 in der Zeitschrift „Die Gartenlaube“ erschienener Beitrag fand zu dieser Art Wissenschaft deutliche Worte:

> „Ich will nicht von Görres reden, der im dritten 1840 erschienenen Bande seiner christlichen Mystik den Vampir-Aberglauben in seiner vollen Schrecklichkeit heraufbeschwört, sondern von dem gelehrten Professor einer schweizer Universität, Maximilian Perty, der mit seinen aufklärungsfeindlichen Schriften den Büchermarkt überschwemmt, durch das wissenschaftliche Mäntelchen, welches er seinen mittelalterlichen Deduktionen umhängt, überall Anerkennung zu finden weiß und dadurch doppelten Schaden in den Geistern anrichtet. Im ersten Bande seines Werkes über die mystischen Erscheinungen der menschlichen Natur (Seite 384 der zweiten 1872 erschienenen Auflage) findet der Professor die natürliche Erklärung des Vampyrismus sehr einfach darin, dass die Seele des im Grabe ruhenden, nicht sterben könnenden Vampyrs jahrelang traumartig umherirre, die bekannten Häuser ihrer Familie aufsuche, dort Hunger und Durst des im Grabe zurück-

bleibenden, inzwischen seelenlosen Leibes stille, indem sie den Verwandten das Blut aussauge, welches sich dabei in einen geistigen ätherischen Körper umsetze und erst wieder nach der Rückkehr zu dem begrabenen Körper dort zu wirklichem nährendem Blut werde!!"

Untote Buchstaben

Der spöttische Unterton des Artikels in der „Gartenlaube" zeigt: Am Ende des 19. Jahrhunderts war der Vampir als reales Phänomen wissenschaftlich nicht mehr zu halten, denn das Licht der modernen Wissenschaft hatte die ‚fixe Idee' des Vampirismus aus dem gelehrten Diskurs, dem allein er seine vorgebliche Existenz verdankte und der ihn etwa 100 Jahre lang am Leben erhalten hatte, vertrieben. Bemerkenswert ist aber, dass die Legende vom Vampir weiterhin fortlebte – jetzt freilich nicht mehr als Gegenstand gelehrter Abhandlungen, sondern als Motiv in der schönen Literatur. Interessant dabei ist, dass das Vampirmotiv in der belletristischen Literatur merkwürdig häufig und vielfach auffällig eng mit dem Themenkomplex Buch und Bibliothek verknüpft ist. Bereits in den Anfängen der Vampirliteratur lässt sich eine enge Verzahnung des Vampirmotivs mit der Buch- und Bibliotheksthematik beobachten. Das gilt auch für die drei absolut klassischen Werke des Genres: die Erzählung „The Vampyre" (1819) von John Polidori (1795–1821), John Sheridan LeFanus (1814–1873) Erzählung „Carmilla" (1872) sowie Bram Stokers (1847–1912) „Dracula" (1897), der Vampirroman schlechthin. Daneben sei auf den bemerkenswerten Vampirroman „The Historian" („Der Historiker") der amerikanischen Autorin Elizabeth Kostova (geb. 1964) verwiesen, der 2005 erschien und ganz in der Tradition der klassischen europäischen Vampirliteratur steht. Wie wir sehen werden, lassen sich bei näherer Betrachtung des Buch- und Bibliotheksmotivs in den genannten belletristischen Werken interessante Beobachtungen zur Gestalt des Vampirs machen. Sie werden uns erlauben, aus einer erweiterten Perspektive nochmals auf unsere Ausgangsthese zurückzukommen, den Vampir als eine lektürebedingte ‚Kopfgeburt' zu verstehen.

In „The Vampyre" schildert Polidori das Opfer des Vampirs als einen schüchternen jungen Mann und als Bücherfreund, der „die Träume der Dichter für die Wirklichkeiten des Lebens" hielt. Exakt in dem Augenblick, als er sich seinen Büchern ab- und dem gesellschaftlichen Leben zuwenden will, als er im Begriff ist, „seine Träume aufzugeben", begegnet er in Gestalt des noblen Lord Ruthven einem Vampir; die Beziehung zu diesem phantastischen Wesen tritt gleichsam an die Stelle der früheren Lektüre. Die bibliophile Grunddisposition des jungen Mannes scheint also ein wesentlicher Faktor zu sein, der den Kontakt mit dem Vampir begünstigt, ja ihn überhaupt erst ermöglicht. Es ist der Buchmensch, der den Weg zum Vampir findet. Dieser bei Polidori eher beiläufig skizzierte Umstand wird sich in den beiden anderen klassischen Vampirgeschichten weiter entfalten.

In John LeFanus Erzählung „Carmilla" wird die unerhörte Diagnose Vampirismus als Erklärung für die unheimliche Erkrankung eines jungen Mädchens zum ersten Mal in einer Bibliothek gestellt. Interessanterweise spricht sie niemand direkt aus, sondern ein Arzt schreibt sie nieder und verfügt, sie solle erst nach seiner Abreise gelesen werden. Die Existenz des Vampirs zeigt sich erst beim Lesen. Als es später darum geht, ihn in seinem Versteck zu finden und unschädlich zu machen, tritt ein verschrobener Vampirjäger auf den Plan. Dessen Qualifikation gründet sich vor allem auf die gelehrte Lektüre einschlägiger amtlicher Berichte sowie der wissenschaftlichen Vampirliteratur des 18. Jahrhunderts aus dem Umkreis der Leipziger Vampirdebatte; einige Titel werden sogar explizit genannt, und zwar in bibliographisch korrekter Form. Ein wichtiges Hilfsmittel bei der Suche nach dem Vampir sind schriftliche Aufzeichnungen in einem abgegriffenen Notizbuch. Neben den erwähnten Buch- und Bibliotheksmotiven ist auch der Rahmen, in den LeFanu seine Vampirgeschichte stellt, aufschlussreich. Die Erzählung ist nämlich in Form eines Augenzeugenberichtes gestaltet, der von einem gewissen Dr. Hesselius, einem vampyrologisch versierten Mediziner, der selbst einschlägig publiziert hat, herausgegeben und mit einem Vorwort versehen wurde. Gerade der Hinweis auf die einschlägige Fachliteratur könnte die ersten Leser der „Carmilla" stark beeindruckt haben, sprach sich doch auch der Berner Hochschullehrer Maximilian Perty noch 1873 in seinen Schriften für das realen Vorhandensein von Vampiren aus.

Die von LeFanu eingeschlagene Strategie, die reale Existenz des Vampirs durch angeblich authentische Dokumente abzustützen und plausibel zu machen, setzt Stoker in seinem 1897 erschienen „Dracula" fort und vervollkommnet sie. Das Buch gilt zwar als der klassische Vampirroman schlechthin. Es ist bei näherem Hinsehen aber gar kein ‚richtiger' Roman. Er besteht aus keiner kontinuierlich erzählten Handlung, sondern stellt eine Collage aus Berichten, Dossiers, Tagebuchaufzeichnungen, Briefen, Zeitungsmeldungen und Ähnlichem dar. Und natürlich kommen auch Bücher und Bibliotheken vor: Bereits auf der ersten Seite treffen wir Jonathan Harker, einen der Hauptprotagonisten, in der Bibliothek des British Museum, der heutigen British Library, wo er sich mit einschlägiger Fachliteratur und Kartenmaterial auf seine unmittelbar bevorstehende Geschäftsreise nach Transsylvanien vorbereitet. Dort soll er Graf Dracula aufsuchen, der ein Haus in London kaufen möchte. Die erste bewusste Begegnung mit dem Grafen findet in dessen gut sortierter Schlossbibliothek statt, die Dracula nutzt, um sich seinerseits auf die bevorstehende Übersiedlung nach England vorzubereiten. Das erste Zusammentreffen zwischen dem Vampir und seinem späteren Jäger wird also in einem bibliothekarischen Umfeld verortet. Als später Draculas wahre Identität zum Vorschein kommt, ist mit Professor van Helsing ein Vampirfachmann zur Stelle, der immer wieder Bibliotheken und alte Bücher konsultieren muss, um das weitere Vorgehen gegen Dracula planen zu können. Am Ende der Geschichte thematisiert der Roman sich und seinen Realitätsgehalt gewissermaßen selbst. In einer abschließenden „Notiz" schreibt Jonathan Harker:

> „Ich nahm die Papiere aus dem feuerfesten Schrank, wo sie seit Vollendung unserer Aufgabe geruht hatten. Wir waren nachträglich erstaunt über den Umstand, dass in der ganzen Menge von Material, aus dem der Bericht sich zusammensetzt, kaum ein einziges authentisches Dokument sich befindet; nichts als eine Masse von Blättern voll Maschinenschrift, außerdem Notizbücher von Mina, Seward und mir selbst und ein Memorandum van Helsings. Wir können von niemand verlangen, so lieb es uns auch wäre, dass er diese als vollgültige Beweisstücke für unseren unheimlichen Bericht gelten lasse."

Stokers klassische Vampirgeschichte inszeniert sich am Ende also als bloßer Haufen Papier, als eine Realität, die allein in Büchern und Schriften existiert, und vielleicht gerade deshalb auf so unheimliche Weise real erscheint. Denn auch die echten Bücher und Schriften über den Vampirismus verknüpfen unsere reale Gegenwart mit der phantastischen Welt der Untoten. Sie tun dies auf eine Weise, die aus dem Vampir plötzlich einen unheimlichen Zeitgenossen macht, von dem man nicht so recht weiß, ob es ihn tatsächlich gibt oder nicht. Dieses Oszillieren zwischen Fiktion und Realität ereignet sich in besonderer Weise in den Bibliotheken, die als Orte seriöser Wissenschaft, aber auch geheimen und verborgenen Wissens gelten, und trägt so nicht wenig zur besonderen Faszination des Vampirmotivs bei. Der Leser ertappt sich unwillkürlich bei dem Gedanken, ob die Existenz von Vampiren wirklich so undenkbar ist und ob sie nicht vielleicht doch existieren. Auf diese Weise wird die Bibliothek mit den vielen in ihr gesammelten Schriften über vermeintlich echte Vampire und mit den alten wissenschaftlichen Abhandlungen zu diesem Thema, auf die ja auch die fiktionalen Texte immer verweisen, zu einer Art Transitraum hinein in das Unheimliche. Dabei scheint dieser Transitraum über die Fähigkeit zu verfügen, Unheimliches gewissermaßen zu materialisieren.

Diese Überlegungen führen uns direkt zu Elizabeth Kostovas „The Historian". Ganz in der Tradition von „Carmilla" und „Dracula" stehend, ist auch dieser Roman in Form eines vorgeblich authentischen Berichts gestaltet, in dem andere Schriftstücke und Aufzeichnungen reichlich Verwendung finden. Die fiktive Verfasserin dieses Berichts versäumt es auch nicht, mehreren bekannten Bibliotheken für die Unterstützung bei ihrer Arbeit zu danken und verstärkt damit den Eindruck einer objektiven wissenschaftlichen Darstellung. Auch die Handlung des Romans selbst spielt recht oft in verschiedenen Bibliotheken, denn die Jagd nach dem Vampir, die ihren Ausgangspunkt übrigens bei einem merkwürdigen alten Buch nimmt, ist durchgängig als exegetisch-bibliographisches Abenteuer gestaltet, das über Bücher, Bibliotheken, Archive und Kataloge am Ende zum realen Grafen Dracula führen wird. Die These von der Bibliothek als Transitraum zum Unheimlichen wird bei Kostova eindrucksvoll mit Leben gefüllt.

Frankenstein, der Leser

Zwischen Vampiren, Büchern und Bibliotheken besteht, daran gibt es keinen Zweifel mehr, eine enge Verbindung. Die Existenz blutsaugender Untoter erscheint durch ihre Thematisierung in Büchern und Schriftstücken als besonders glaubwürdig. Und selbst seitdem in der Aufklärungszeit niemand mehr ernsthaft an die Existenz von Vampiren glaubte und in den Naturwissenschaften streng empirisches Arbeiten die gelehrte Spekulation von Buchweisheiten verdrängte, blieb in der schönen Literatur die besondere Nähe von Buch und Vampir erhalten. Offenbar sind Bücher und die durch sie vermittelte Imagination besonders geeignet, unheimliche Gestalten und Phänomene plausibel und glaubhaft zu machen. – Ist hier vielleicht ein allgemeines Prinzip am Werk, das sich auch anderswo in der schwarzromantischen Literatur finden lässt?

In literaturgeschichtlich enger Verwandtschaft zur klassischen Vampirliteratur steht Mary Shelleys (1797–1851) Roman „Frankenstein", ein Buch, das schon fast 200 Jahre alt ist, das dem Titel nach fast jeder kennt und bei dem fast jeder sich – vermittelt durch Filme und populärkulturelle Darstellungen – sofort einen grünlichen Hünen mit blödem Gesichtsausdruck und Elektroden an den Schläfen vorstellt. Das Buch selbst aber hat kaum jemand gelesen. Das ist bedauerlich, denn Shelleys Buch hält gerade für bibliophile Leser interessante Einsichten bereit. Die Idee zu ihrem Roman kam Shelley, als sie zusammen mit ihrer Stiefschwester und ihrem späteren Mann, dem Dichter Percy Shelley (von dem schon die Rede war, weil Teile seines Schädels in der New York Public Library aufbewahrt werden), sowie mit Lord Byron und dessen Leibarzt John Polidori (dem Schöpfer von Lord Ruthven, den wir ebenfalls schon kennen) in den Sommermonaten des Jahres 1816 in der Villa Diodati am Genfer See wohnte. 1816 war in meteorologischer Hinsicht ein bemerkenswertes Jahr, denn es war ein Jahr ohne richtigen Sommer. An einem der trüben Abende in der Villa Diodati wurden zur allgemeinen Unterhaltung Gespenstergeschichten vorgelesen, die alle Anwesenden sehr beeindruckten. Man kam überein, sich selbst einmal an diesem Genre zu versuchen. Und so schrieb Mary Shelley den „Frankenstein", dessen Plot ihr in einem sehr klaren und unruhigen Traum eingefallen war, Byron arbeitete an einer Vampirgeschichte, und Polidori schrieb den „Vampyre". Wegen seiner zeitlichen und konzeptionellen Nähe zur frühen Vampirliteratur und zur klassischen Gespenstergeschichte bietet sich der „Frankenstein"-Roman in besonderer Weise an, auch hier nach Buch- und Bibliotheksmotiven Ausschau zu halten. Und in der Tat: „Frankenstein" mag auf den ersten Blick zwar nur als Roman über die Erschaffung eines künstlich zum Leben erweckten Menschen und die sich daraus ergebenden Konsequenzen erscheinen; im Grunde aber handelt er vom Lesen und dessen Folgen. Er tut dies mit Hilfe einer raffinierten Erzählstrategie, die den Stoff ebenfalls nicht zu einem traditionellen Roman verarbeitet, sondern in Form von Briefen und anderen schriftlichen Aufzeichnungen darbietet. In diesen Briefen berichtet der Erzähler, ein Entdeckungsreisender in arktischen Regionen, seiner Schwester, wie er mitten in einer unwirtlichen Eiswüste einen seltsamen Fremden an Bord seines Forschungsschiffes nimmt. Dieser Fremde erzählt ihm seine Lebensgeschichte, die der Erzähler wiederum für seine Schwester getreulich aufschreibt. Der Fremde an Bord ist Viktor Frankenstein, der den von ihm erschaffenen Homunkulus verfolgt. Bevor der Leser aber erfährt, was es mit diesem Homunkulus auf sich hat, berichtet Frankenstein ausführlich von seiner Kindheit und seiner Studienzeit in Ingolstadt. Einen breiten Raum nimmt dabei seine frühe Lektüre ein. Durch einen Zufall nämlich fiel ihm als Dreizehnjährigem ein Band mit Werken des Cornelius Agrippa (1486–1535) in die Hände, eines Universalgelehrten, der sich aber auch mit Okkultismus und Magie beschäftigte und ein Grenzgänger zwischen Wissenschaft und Esoterik war. Da ihn niemand über die Abseitigkeit der Theorien Agrippas, die schon damals durch die moderne Naturwissenschaft überholt waren, aufgeklärt hatte, besorgte sich Frankenstein, fasziniert von seiner neuen Entdeckung, jedes Buch des Gelehrten, dessen er habhaft werden konnte, und las darüber hinaus auch andere, nach dem zeitgenössischen Urteil ebenfalls veraltete und überholte Autoren wie Paracelsus (1493–1541) oder Albertus Magnus (1193–1280). Erst auf der Universität in Ingolstadt erkannte er die Randständigkeit seiner Lektüre und warf sich mit Feuereifer auf die modernen Naturwissenschaften, um das Versäumte nachzuholen. Allerdings behielten die Ideen, die Frankenstein in den alten Büchern gefunden hatte, ihre Faszination, besonders die Idee, aus toter Materie neues Leben zu schaffen. Treffend beschreibt Frankenstein die im Vergleich zur Nüchternheit der rationalen Naturwissenschaft unvergleichlich größere visionäre Kraft der alten Autoren, die ihn als jungen Leser so gefesselt hatte:

> „Da ich ein Kind gewesen, hatten die Erkenntnisse, welche die modernen Lehrer der Naturwissenschaft verhießen, mich nicht zu befriedigen vermocht, und

so war ich … den Pfad der Erkenntnis durch die Zeiten zurückgeschritten und hatte … die Entdeckungen der Forscher unserer Tage hingegeben für die Träume längst vergessener Alchemisten."

Auch wenn die alte Theorie falsch war, die Kühnheit ihrer Visionen fesselt Frankenstein als einen auf der Höhe der Zeit stehenden Wissenschaftler immer noch. Er spricht bewundernd von der „Großartigkeit, mit welcher die Alten Meister nach Unsterblichkeit und Macht gestrebt hatten", und gesteht, dass es vor allem dies war, was ihn an der Naturwissenschaft beeindruckt und angezogen hatte. Und resigniert fragt er: „… sollte ich meine grenzenlosen, großartigen Träume eintauschen gegen das Kleingeld einer armseligen Wirklichkeit?" Das Ergebnis ist bekannt. Frankenstein verbindet die alten Visionen mit den modernen Möglichkeiten und erweckt einen aus Leichenteilen zusammengesetzten Homunkulus zum Leben.

Man kann ohne Übertreibung sagen: Es war die Lesebiographie des jungen Frankenstein – die überdies ohne Bibliotheken, die das veraltete Wissen noch bereit hielten, so nicht möglich gewesen wäre –, die letztlich zur Erschaffung des Homunkulus führten. Frankensteins Monster ist das Produkt der Lektüre abseitiger alter Bibliotheksbücher! Dieser Umstand wird bei Mary Shelley nicht direkt thematisiert. In der Ausgabe des Romans von 1831 aber findet sich ein interessantes Frontispiz. Wir sehen dort den Augenblick, als das Monster zum Leben erwacht. Der technische Vorgang, der in dem Buch selbst übrigens vage bleibt und mitnichten der vom Himmel kommende Blitz ist, wie man es im Film häufig sieht, wird auf dem Bild nur durch einen Lichtstrahl angedeutet, der von einem Bücherregal im Hintergrund des Raumes auszugehen scheint. Weitere Bestandteile der Bildkomposition sind ein aufgeschlagenes Buch und ein Totenschädel im Vordergrund sowie drei weitere Totenschädel, die auf dem erwähnten Bücherregal platziert sind. Im Gegensatz zu den deutlich erkennbaren Büchern und Totenschädeln sind die für die Erweckung der toten Materie entscheidenden naturwissenschaftlich-technischen Instrumente nur angedeutet. Für den aufmerksamen Betrachter des Bildes ist damit klar, dass das Monster vor allem ein Produkt der Bücher und nicht der Technik ist.

Im weiteren Verlauf des Romans wird der Befund, dass ohne Zuhilfenahme von Büchern das Monster nicht zum Leben hätte erweckt werden können, bestätigt. Als der Homunkulus nämlich von Frankenstein verlangt, er solle ihm eine Frau schaffen, sieht Frankenstein sich zum „mühseligsten Studium der Bücher" gezwungen.

Für Frankenstein war die Lektüre obskurer Schriften eine Katastrophe. Alte Bibliotheksbücher brachten ihn auf ‚komische Ideen'. Ohne sie hätte er das unheilvolle Monster nicht erschaffen. Bei diesem Befund bleibt es aber nicht. Auch das Monster, das übrigens im ganzen Roman namenlos bleibt, macht im Laufe seiner Wanderungen durch die Zivilisation der ‚normalen' Menschen seine eigenen Erfahrungen mit Büchern und deren Lektüre. Als es sich in einem ärmlichen Bauernhaus versteckt, hört es, wie dort der Sohn seinem blinden Vater aus Büchern vorliest. Später lernt auch das Monster selbst lesen und erschließt sich die ihm noch ganz unbekannte Welt zunächst durch die Lektüre dreier Bücher, nämlich der „Viten des Plutarch", der „Leiden des jungen Werthers" und Miltons „Verlorenes Paradies". Alle diese Bücher nahm das Monster, das ja nicht weiß, was Fiktionen sind, zunächst für die „buchstäbliche Wahrheit". So wenig wie Frankenstein durch Bücher sein Glück fand, so wenig erfüllte sich die Hoffnung des Monsters, über Bücher den ersehn-

Frontispiz der „Frankenstein"-Ausgabe von 1831.

ten Anschluss an die Zivilisation zu finden. Die Bücher verwandelten ihn aber in ein – trotz seines schrecklichen Äußeren – sensibles Geschöpf, das nun umso stärker unter der Ablehnung der Menschen litt und sich dafür mit bösen Taten rächte. In gewisser Weise ist damit auch das weitere Schicksal des Monsters die Konsequenz eines unangemessenen Buchgebrauchs. Frankenstein und das Monster veranschaulichen beide auf verschiedene Weise die Gefahren, die die Übertragung der Bücherwirklichkeit in das wirkliche Leben in sich birgt. In diesem Sinne ist Mary Shelleys Frankenstein nicht nur eine kritische Anfrage an den technischen Fortschritt, sondern kann auch als eine kritische Beleuchtung fehlgeleiteter Lektüre bzw. distanzloser Rezeption abseitiger Literatur gelesen werden.

Erlesene Monster

Viktor Frankenstein hatte die entscheidenden Anregungen zur Schaffung seines Homunkulus aus alten und überholten Büchern gewonnen, zu denen er über Bibliotheken Zugang hatte. Während die Bücher hier die Existenz eines Monsters gewissermaßen verschulden, haben sie in den Vampirgeschichten eine ganz andere Funktion. Dort nämlich halten Bibliotheken vergessenes Wissen zur Bekämpfung böser Blutsauger bereit. Aus Büchern erfährt man unerhörte Dinge, die freilich notwendig sind, um eine durch unbekannte Mächte hervorgerufene Gefahr zu bannen. In beiden Fällen erweisen sich Bücher und Bibliotheken offenbar als ein besonders kompetenter und ergiebiger Zugang zur Welt des Unheimlichen und Monströsen. Diese Funktion ist alles andere als zufällig. Sie lässt sich auf einen medialen Mechanismus zurückführen, der nicht nur in der phantastischen Literatur wirksam ist, sondern auch in der Realität. Die Leipziger

Vampirdebatte, die uns bereits ausführlich beschäftigt hat, ist ein gutes Beispiel dafür. Denn ohne Bücher und Bibliotheken wären die merkwürdigen Vorgänge auf den Dorffriedhöfen im Hinterland der Donaumonarchie nur eine interessante Zeitungsmeldung geblieben. Erst die ‚Verwissenschaftlichung' des Themas in Gestalt von Dissertationen und anderen gelehrten Abhandlungen hat der Figur des Vampirs Leben und Realität eingehaucht und ihm gerade dadurch seine unheimliche Existenz am Rande der empirischen Wissenschaften ermöglicht. Dabei waren es weniger die Vampirschriften selbst, die diesen Effekt hervorriefen, als die Umstände ihrer Entstehung und die Qualität der Autoritäten, auf die die Verfasser dieser Schriften ihre Thesen stützten.

Die Berichte über Vampire und ihr Unwesen fallen in die erste Hälfte des 18. Jahrhunderts. Wissenschaftsgeschichtlich ist dies eine spannende Zeit des Umbruchs. Sie ist gekennzeichnet vom Aufstieg der Naturwissenschaften und ihrer auf Empirie und Experiment gestützten Arbeitsweise. Zugleich war es das Zeitalter der Aufklärung, das alle übernatürlichen und religiösen Phänomene hinterfragte und durch rationale Begründungen ersetzen wollte. In dieser historischen Situation kam der Vampirdebatte jenseits des rein Kuriosen eine ganz besondere Brisanz, aber auch ein großer Reiz zu, denn hier hatte man es mit einem aktenkundigen Vorgang und empirisch messbaren Auswirkungen auf der einen und übernatürlichen Vorstellungen auf der anderen Seite zu tun. Die Thematik wurde im Rahmen der Leipziger Vampirdebatte freilich noch konventionell behandelt und untersucht, nämlich nicht im Experiment, sondern allein in der Bibliothek. Dort wurde die Vampirfrage, gestützt auf die traditionellen Autoritäten und ihre Argumente, reich versehen mit langen, meist lateinischen Zitaten und geschmückt mit eindrucksvollen Fußnoten, im alten Stil wissenschaftlich bearbeitet. Man beschränkte sich darauf, die Realität des Vampirs auf rein argumentativem Weg nachzuweisen, ohne dies empirisch zu überprüfen. Die Übertragung der Vampirberichte in die Form einer wissenschaftlichen Abhandlung und deren Verknüpfung mit der in Bibliotheken reich vorhandenen gelehrten Literatur machten die Existenz von Vampiren plausibel und glaubwürdig. Bücher und Bibliotheken funktionierten dabei als das, was die Medienwissenschaft Unwahrscheinlichkeitsverstärker nennt.

Allein durch die in der seriösen Form konventioneller Wissenschaftlichkeit gegebenen Antworten erschienen Vampire genauso real wie andere Phänomene, die wir ebenfalls nicht aus eigener Anschauung kennen, sondern von denen wir allein durch Bücher und Bibliotheken, letztlich also durch Medien, Kenntnis haben. Man denke nur an die Astronomie oder etwa an Berichte über fremde Länder, die wir selbst noch nie bereist haben. Und so, wie wir das, was wir in einem wissenschaftlichen Buch beispielsweise über Pyramiden lesen, nicht weiter hinterfragen und für wahr halten, so erschien auch die Existenz von Vampiren glaubwürdig, wenn eine wissenschaftliche Abhandlung dies behauptete. Dass es sich bei den Vampirtraktaten um bloßes Bibliotheks- und Bücherwissen handelt, während wir bei einer Reisebeschreibung immerhin einem Augenzeugen vertrauen, wird nicht als Nachteil wahrgenommen. Denn wir selbst können ohne großen Aufwand den Belegstellen nachgehen, können die Zitate überprüfen und so die uns angebotenen Beweise in dem geschlossenen System der Bücherwissenschaften verifizieren. Der Kulturtheoretiker Walter Benjamin (1892–1940) charakterisiert diese Art zu arbeiten treffend, wenn er schreibt: „Die Renaissance durchforscht den Weltraum, das Barock die Bibliotheken. Sein Sinnen geht in die Buchform ein."

Dass genau an dieser Stelle die Kritik der aufgeklärten Naturwissenschaft einsetzt, wundert nicht. Denn sie hat die Bibliothek gegen das Laboratorium, die eigene Beobachtung und das Experiment eingetauscht. Fundstellen und Zitate alter Autoritäten gelten ihr nichts mehr. Und so konnte Jean-Jacques Rousseau (1712–1778) leicht spöttisch über die buchgelehrten Vampyrologen und ihre herbeiphantasierten Blutsauger bemerken:

> „Wenn es jemals in der Welt eine bewiesene und geprüfte Geschichte gab, dann die der Vampire. Es fehlt an nichts: offizielle Berichte, Zeugenaussagen von Gewährspersonen, von Chirurgen, von Priestern, von Richtern: die Beweise sind vollständig."

Wir wissen, wie die Debatte endete. Die gelehrte Buchwissenschaft verlor ihre Deutungshoheit, und die aufgeklärte Empirie erklärte den Vampir für inexistent. Er war schließlich nichts anderes als ein Forschungsartefakt, ein Alptraum aus Fußnoten und Papier. In der schönen Literatur jedoch lebt die gelehrte Bücherwissenschaft weiter und erfüllt dort bis heute zuverlässig ihre Funktion, Unheimliches real erscheinen zu lassen.

Mary Shelley hat in ihrem „Frankenstein" den Übergang von der alten Büchergelehrsamkeit zur modernen Naturwissenschaft explizit thematisiert. Interessant ist, dass die Monster damit aber nicht verschwunden sind, sondern im Gegenteil jetzt nicht nur die Gedanken und Ängste der Menschen beherrschen, sondern auf handfeste Weise real werden. Selbst wenn wir den veralteten Theorien als solchen nicht mehr glauben, wirken sie doch als visionäre Entwürfe weiter. Bücher und Bibliotheken sind die Hüter dieses Wissens und werden so zu gefährlichen und unheimlichen Orten. Auch ihre Funktion, durch die Ansammlung vieler Bücher ein Unwahrscheinlichkeitsverstärker zu sein, haben sie bewahrt. Keine Verschwörungstheorie kann darauf verzichten, abgelegene Publikationen und vergessene Aufsätze aus den Tiefen der Büchermagazine als Kronzeugen für ihre kruden Behauptungen anzuführen. Erst die Fußnote und das Zitat erzeugen das notwendige Mindestmaß an Glaubwürdigkeit, ohne das Verschwörungstheorien nicht funktionieren können. Von daher ist die Leipziger Vampirdebatte von unserer kulturellen Gegenwart gar nicht so weit entfernt, wie man zunächst vermuten würde. Bibliotheken können auch heute noch gerade durch ihren Bestand abgelegener, veralteter und randständiger Literatur unvorsichtige Leser irritieren und sie auf gedankliche Abwege bringen. Manchmal sind diese Abwege dunkel und enden in Verzweiflung.

6.
Die Melancholie der Bibliothek

Zu Beginn dieses Buches haben wir die Bibliothek zunächst als eine lebendige, von vielen Menschen besuchte Einrichtung erlebt. Unter dieser freundlichen Oberfläche kamen jedoch bei näherem Hinsehen sehr bald die unheimlichen Seiten des Büchersammelns zum Vorschein. Selbst das bloße Lesen konnte gefährliche Folgen haben. Am Ende entpuppte sich die Bibliothek als eine morbide Einrichtung mit vielfältigen Berührungspunkten zu Tod und Verfall, als ein Ort, an dem ungelesene Bücher wie auf einem Friedhof dem endgültigen Vergessen entgegengehen. Friedhöfe aber sind merkwürdige Orte. Immer wenn wir sie betreten, konfrontieren sie uns, auch wenn wir das gar nicht bewusst wollen, mit unserer eigenen Sterblichkeit. Niemand verlässt einen Friedhof unbeeindruckt und ohne Melancholie. Wenn aber die Bibliothek eine Art geistiger Friedhof ist, der die Vergeblichkeit so vieler, ja der meisten literarischen Anstrengungen sinnfällig verkörpert, dann wird sie – wie ein echter Friedhof – auch gewisse Wirkungen auf ihre Besucher ausüben.

Die Bibliothek als Demütigung

Jeder, der mehr als nur ein volles Bücherregal sein Eigen nennt, kennt diese zweifelnd-bewundernde Frage: „Hast Du die alle gelesen?“ Was für eine sinnlose Frage! Ein Bücherregal ist doch keine Trophäensammlung, sondern versammelt Werke, die ihrem Besitzer wichtig sind, die er immer um sich haben möchte. Und erreicht die eigene Bibliothek eine gewisse Größe, dann ist schon die Anordnung der Bände in den Regalen selbst ein Text ganz eigener Art, der auch dann anregend sein kann, wenn viele der Bücher vielleicht nur angelesen oder flüchtig zur Kenntnis genommen werden. Die Frage nach der Lektüre der eigenen Bücher verrät aber nicht nur den literarischen Banausen; sie ist auf ihre Weise auch subversiv.

Tatsächlich kann man beim Anblick gut gefüllter Regale ins Grübeln kommen und sich fragen: Wie lange würde es wohl dauern, wirklich alle Bücher, die ich habe, zu lesen? Allein für die ganze Bibel sind schon 85 Stunden zu veranschlagen. Ein Regal von einem Meter Breite und 6 Regalbögen enthält Lesestoff für rund 190 ganze Tage. Bereits ein einziger Regalboden beansprucht knapp 32 Tage Lesezeit. Berühmt ist die Rechnung, die der bekennend bibliomane Autor Arno Schmidt (1914–1979) in seinen „Julianischen Tagen“ aufgestellt hat: Bei einer durchschnittlichen Lebenszeit von 75 Jahren könne man, so Schmidt, zwischen 3.000 und 5.000 Bücher lesen. Veranschlagt man nach einer gängigen bibliothekarischen Formel 38 Bände auf einen Regalmeter, entspräche dies maximal gut 130 Regalmetern, was reichlich 20 Bücherregale ergibt. Die wiederum erfordern 3.800 Tage netto Lesezeit. Schmidt selbst ging von 15.000 Lesetagen brutto aus. Wollen wir die 3.800 Tage für 20 Bücherregale also auf die Schmidtschen Lesetage verteilen, so ergibt dies eine tägliche Lesezeit von etwa sechs Stunden. Das Ergebnis dieses kleinen Zahlenspiels ist erschreckend: Das Leben eines einzelnen Menschen reicht maximal für die vollständige Lektüre eines einzigen Bücherzimmers aus. Eine Privatbibliothek von mehr als 5.000 Bänden ist für den lesenden Gebrauch bereits sinnlos. Unter Berücksichtigung von Nachschlagewerken und dergleichen ist jedenfalls eine Bibliothek von mehr als 8.000 bis 10.000 Bänden nur noch eine Sammlung für den sporadischen Gebrauch, die kein Leser in seinem Leben mehr bewältigen könnte.

Hochschul- und Universitätsbibliotheken haben viele Hunderttausend bis mehrere Millionen Bücher in ihrem Bestand. Für den einzelnen Leser ist dies eine absurd hohe Zahl. Sicher wird niemand alle Bände einer Bibliothek als Lesestoff in Betracht ziehen. Doch auch dann, wenn nur ein bestimmtes Fachgebiet zum Gegenstand der eigenen Lektüre gemacht werden soll, stößt die real zur Verfügung stehende Lesezeit schnell an ihre Grenzen. Sind es anfangs vielleicht nur fünf bis zehn Bücher, die für ein bestimmtes Thema einschlägig erscheinen, so erweitert sich der Lesestoff durch Fußnoten und bibliographische Hinweise schnell auf einen Umfang, der kaum noch zu bewältigen ist. Der einzige Ausweg, um nicht völlig zu verzweifeln, ist entweder die Spezialisierung auf immer kleinere Themengebiete oder ein radikaler Paradigmenwechsel bei der zu bearbeitenden Fragestellung, durch den ein Großteil gerade der älteren Literatur souverän für unerheblich erklärt wird.

Beim Vergleich der Bibliothek mit einem Friedhof wurde eine Art Ökologie des Vergessens und Verschwindens sichtbar, die sich im Verfall der Bücher manifestiert. Dieser Befund wird auch durch die Leser bestätigt, die ihrerseits eine Ökologie des Ignorierens kultivieren, denn die beschränkte Lesezeit zwingt angesichts der Überfülle von Material dazu, das Allermeiste davon systematisch auszublenden und dem Vergessen anheimzugeben. Paradoxerweise verstärkt sich dieser Effekt, je besser eine Bibliothek erschlossen ist und je leistungsfähiger die bibliographischen Nachweismöglichkeiten werden. Denn mit dem Anwachsen der Ausbeute bei der Recherche nach einschlägiger Literatur müssen auch die Fragestellungen immer ausgesuchter und spezieller werden, um die Fülle der Ergebnisse wieder auf ein lesbares Maß zu reduzieren. Hilfsweise wird nur noch eine exemplarische Auswahl gesichtet. Man maskiert das dann als Serendipity-Effekt und erhebt dabei zur Methode, was im Grunde nicht mehr ist als schlichte Notwehr und Kapitulation vor einem Materialberg, den niemand mehr bewältigen kann.

Auch die Aussicht, durch ein eigenes Werk im Gedächtnis der Bibliothek zu überdauern, wird schnell zu einer lächerlichen Chimäre, denn bereits mit der Veröffentlichung eines Buches beginnt schon sein Vergessen. Selbst dann, wenn es zunächst eine gewisse Wirkung entfaltet oder gar Getöse in den Feuilletons erzeugt, wird es schon bei der nächsten Mode oder beim nächsten Paradigmenwechsel im Dunkel der Magazine verschwinden und dort langsam verfallen, wenn man es nicht gleich als veraltet aussondert und wegwirft. Allenfalls die vage Hoffnung auf irgendeinen Zufall, der einen Nachgeborenen das mittlerweile vergessene Buch noch einmal in die Hand nehmen lässt, um es aufzuschlagen, vielleicht sogar ein wenig darin zu lesen, es möglicherweise – oh Gipfel des Nachruhms! – zu zitieren oder in sonstiger Form Nachricht von ihm zu geben, kann hier vielleicht ein wenig Trost spenden. Wahrscheinlich aber wird von dem eigenen Werk kaum mehr bleiben als ein kurzer Eintrag in irgendeiner ungelesenen Bibliographie. Mit ziemlicher Sicherheit wird dieses Schicksal auch das vorliegende Buch ereilen.

Vorerst aber wollen wir uns freuen, wenn wir nach dem Besuch einer Bibliothek und der Lektüre einiger Bücher neue Erkenntnisse und unerhörte Gedanken zu Papier bringen. Das Urheberrecht, das in letzter Zeit wieder hoch im Kurs steht, lässt uns glauben, ein eigenes Werk, eine persönliche geistige Schöpfung hervorgebracht zu haben. Dabei haben wir sehr wahrscheinlich nur nicht gründlich genug recherchiert. Irgendwo in der unübersehbaren Masse der Bücher wird der geniale Gedanke, der wie eine Eingebung über uns gekommen ist, mit hoher Wahrscheinlichkeit schon einmal formuliert und publiziert worden sein.

Jedenfalls in den Bücherwissenschaften ist dies keine allzu kühne Behauptung, denn viele Fragestellungen und Themen sind über lange Zeiträume hinweg sehr konstant, lediglich der Blickwinkel, unter dem sie betrachtet werden, wechselt. Durch die Digitalisierung älterer Werke kann man hier mitunter böse Überraschungen erleben, wenn plötzlich Bücher wieder ans Licht kommen, die in keinem Zitatzusammenhang mehr zur aktuellen Diskussion stehen, wenn vormals tote Literatur wieder aufersteht und lebendig wird. Wir sehen dann – oder, was noch unangenehmer ist, irgendjemand macht uns mit dem leichten Unterton eines Plagiatsvorwurfes darauf aufmerksam –, dass die ach so originelle eigene Meinung bereits in einer Greifswalder Dissertation von 1895 nachzulesen ist. Nur hatte dies bislang niemand bemerkt.

Angesichts eines solchen Fundes, der so selten gar nicht ist, erinnert die Bibliothek den Leser nicht nur durch ihre Größe und Fülle an seine kurze Lebens- und Lesezeit, sie raubt ihm auch noch die Illusion, dieser Masse an Büchern einen eigenen relevanten Gedanken hinzufügen zu können. Melancholisch verstimmt verlassen wir die Bibliothek, in der wir durch immer raffiniertere Recherchesysteme mehr Literatur ausblenden als sichten und in der wir bei wirklich gründlicher Lektüre – für die wir allerdings niemals Zeit finden werden – unsere eigenen angeblich originellen Gedanken bereits in irgendeinem alten Buch entdecken würden.

In seiner großartigen Parabel „Die Bibliothek von Babel“ entwirft Jorge Luis Borges das Bild einer idealen Bibliothek, die von scheinbar unendlichen Ausmaßen ist und jedes nur denkbare Buch mit jedem nur denkbaren Gedanken enthält. Diese visionäre Universalbibliothek ist aber nicht als ideale Wunschvorstellung, sondern als Alptraum gezeichnet, der Bibliothekare in Wahnsinn und Selbstmord treibt; auch von Lungenkrankheiten ist die Rede – ein Leiden, das in der älteren Medizin ja als eine der Folgen übermäßiger Beschäftigung mit Büchern galt. Dass Borges als berühmter Bibliophiler ein derartig düsteres Bild von einer unfassbar reichhaltigen Bibliothek skizziert, mag verwundern, belegt aber, dass er wie kein Zweiter eben auch die dunklen Seiten der Bibliothek und ihre Abgründe kannte.

Auch wir als Benutzer sind mit diesen Abgründen vertraut und spüren manchmal eine demütigende Beklemmung beim Anblick großer Bibliotheken. Gewiss lassen sie sich ganz nüchtern und pragmatisch als bloße Informationsversorgungseinrichtungen nutzen. Man muss aber schon ein sehr gefühlloser Mensch sein, wenn man nicht diese unerklärliche Traurigkeit kennt, die sich einstellt, sobald man verstanden hat, dass mit dem Griff zu einem bestimmten Buch gleichzeitig auch die Entscheidung verbunden ist, dass man viele andere, die ebenso interessant, vielleicht sogar interessanter hätten sein können, niemals lesen wird.

Der Totendienst der genauen Lektüre

Die 1849 erstmals publizierte Novelle „Immensee“ von Theodor Storm (1817–1888) handelt von einer unglücklichen Jugendliebe. Die Erzählung wird eingerahmt von der Schilderung der abendlichen Heimkehr des alten und offenbar alleinstehenden Philologen Reinhard Werner in sein zur Untermiete bewohntes Zimmer. Geistige Arbeit prägt die Möblierung des Raumes. Wir sehen Repositorien, Bücherschränke und einen Tisch mit einigen aufgeschlagenen Bänden, davor einen „schwerfälligen Lehnstuhl". Dort nimmt der alte Mann Platz. Sein Blick fällt auf das verblichene Bild einer jungen Frau, und mit dem Ausruf „Elisabeth" wird der Leser in alte Kindheits- und Jugenderinnerungen mitgenommen. Die weitere Geschichte ist schnell erzählt. Reinhard verliebt sich in Elisabeth, die er von früher Kindheit an kennt. Elisabeth mag Reinhard. Die Umstände aber – Reinhard entstammt einfachen Verhältnissen – verhindern die Heirat. Eine spätere Begegnung endet mit einem schmerzhaften und endgültigen Abschied. Reinhards Liebe zu Elisabeth ist von romantisch-tragischer Art, eine Liebe, die einen Menschen total ergreift und ihn sein ganzes Leben nicht mehr loslässt – vor allem dann, wenn sie unerfüllt bleibt und sich tückisch mit allerlei Träumen vermischt. Eine solche Liebe schlägt dem Herzen eine tiefe, nie mehr verheilende Wunde. Allerdings können strenge Arbeit und intensive geistige Beschäftigung vom Schmerz ablenken. Für Reinhard sind es offenbar die Bücher, die seinem Leben Halt geben. Schon in seiner Studienzeit waren ihm Literatur, alte Manuskripte und Schriften, überaus wichtig. Auch schreibt er selbst Märchen und Gedichte, die er Elisabeth schickt und in einem eigenen Buch sammelt. Am Ende der Erinnerungen befinden wir uns wieder in der Rahmenerzählung. Es ist dunkel geworden, und die Wirtschafterin bringt Licht in das Zimmer. Die Novelle schließt mit dem nüchternen Satz: „Dann rückte er … den Stuhl zum Tische, nahm eins der aufgeschlagenen Bücher und vertiefte sich in Studien, an denen er einst die Kraft seiner Jugend geübt hatte." Reinhard hat sein inneres Gleichgewicht wiedergefunden und kompensiert seine Enttäuschung mit philologischer Arbeit, also mit der genauen Lektüre alter Schriften.

An diesen Texten verrichtet er zugleich Totendienst und Trauerarbeit: Zum einen sorgt er dafür, dass längst verstorbene Autoren nicht verstummen und in neu edierten Büchern weiterleben. Zum anderen ist er bereit, eigene Lebenszeit zu opfern, um die Überlieferung fremder Werke lebendig zu erhalten. Und schließlich findet er Trost über den Verlust der geliebten Frau, indem er seine Liebe auf seine Bücher und sein Studien richtet und in seinen Editionen die Kinder zeugt, auf die er verzichten musste. – Vielleicht disponiert gerade die Erfahrung von Verlust und Trauer, die im zwischenmenschlichen Bereich besonders intensiv und einschneidend ist, zu der entsagungsvollen Beschäftigung mit den Werken früherer Zeiten? Vielleicht wird die genaue Arbeit am Text bei aller Monotonie und Verstaubheit dabei auch als eine stille Form von Glück erlebt? Fast scheint es, dass erst eine gewisse melancholische Traurigkeit die für exaktes philologisches Arbeiten notwendigen Energien freisetzt.

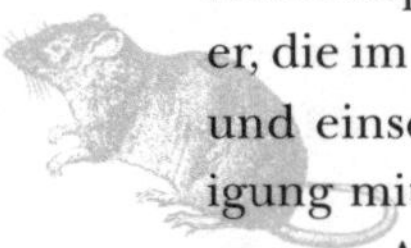

In den Bibliotheken jedenfalls finden auffällig oft Menschen Unterschlupf und Betätigung, die auf den ersten Blick den Eindruck erwecken, im Leben zu kurz gekommen zu sein. Dabei beziehen sich entsprechende Beobachtungen nicht vordringlich auf Vertreter des bibliothekarischen Berufs (wenngleich auch hier markante Beispiele genannt werden könnten, was freilich der kollegiale Takt verbietet), sondern mehr auf die Nutzerschaft. Hier treffen wir Menschen, die jeden Tag viele Stunden in der Bibliothek verbringen. Jede größere Bibliothek kennt solche Leser. Manche von ihnen sind still und unscheinbar, andere wiederum auf die eine oder andere Weise auffällig, mitunter im Bibliotheksbetrieb sogar lästig. Gemeinsam ist allen aber ein tiefes Bedürfnis nach einem Leben im Umkreis von Büchern und – in Anbetracht der Zeit, die sie in der Bibliothek zubringen – vermutlich auch ein sehr eingeschränktes Privatleben. Und nicht nur an Bibliothekare, sondern auch an diese Menschen möchte man – wie es gestandene Bibliotheksdirektoren bei der Begrüßung von Berufsanfängern gerne tun – die launige Frage richten: Welches Leiden hat Sie denn hergeführt?

Das Sterben der Bücher

Als konkreter Ort mit gedruckten Büchern in Regalen wird die Bibliothek immer fragwürdiger. Der Aufstieg des Internet zum neuen Leitmedium der Wissens- und Informationsgesellschaft hat zu einer tiefen Krise dieser traditionellen Institution geführt. Ihre Ursache besteht nicht darin, dass Bücher und Bücherregale von heute auf morgen verschwinden. Auch besteht nicht die Gefahr, dass Bibliotheken als konkrete Orte unattraktiv werden; der äußere Anschein spricht sogar für das Gegenteil. Die Krise beruht vielmehr auf dem massiven Funktionsverlust von Büchern und Bibliotheken. Sie hat vor über 200 Jahren begonnen, tritt jetzt allerdings in ihre entscheidende Phase.

Versetzen wir uns gedanklich in das Jahr 1600. Damals konnte, im Prinzip jedenfalls, das gesamte in Europa publizierte Wissen in einer ausreichend großen Bibliothek bereitgestellt werden. Bücher und Bibliotheken vermittelten damals in einzigartiger und exklusiver Weise den Zugang zu Wissen aller Art. Mit dem Aufkommen der ersten Zeitungen im 17. Jahrhundert aber wurde dieses Monopol erstmals in Frage gestellt. In ihrer Fülle und Flüchtigkeit konnten Zeitungen im Gegensatz etwa zu gedruckten Büchern nicht mehr in der gewohnten Vollständigkeit gesammelt und erschlossen werden. Das ephemere Zeitungswissen wurde mehr schlecht als recht im Bestand der Bibliotheken abgebildet.

Mit dem Aufkommen von Radio und Fernsehen hat sich ein weiterer Bereich öffentlich zugänglicher Informationen etabliert. Er wird von den Bibliotheken nur noch in allerkleinsten Bruchstücken archiviert. Trotz des Siegeszuges der Massenmedien, die für viele Menschen erheblich wichtiger geworden sind als gedruckte Bücher, haben die Bibliotheken ihre Stellung als unentbehrliche Informationseinrichtungen noch lange Zeit erfolgreich behauptet. Im Gegensatz nämlich zu den Massenmedien konnten bibliothekarisch archivierte Veröffentlichungen jederzeit und von jedermann immer wieder aufgesucht und konsultiert werden. Wer sich in den 1970er Jahren über bestimmte Fragen der Politik oder der Wirtschaft informieren wollte, wurde in einer großen Bibliothek immer gut bedient. Ein umfangreicher Bestand an Nachschlagewerken, statistischen Jahrbüchern und Bibliographien ebnete den Weg zu vielen gewünschten Informationen. Und spätestens über die Fernleihe konnte nach einigen Wochen für nahezu jede Fragestellung brauchbares Material beschafft werden.

Mit dem Aufkommen des Internet aber hat die Bibliothek ihr Monopol als die einzige öffentlich zugängliche Institution, die einen umfassenden Zugriff zu publiziertem Wissen vermittelt, unwiederbringlich verloren. Jetzt bietet das Smartphone jedermann mehr Informationsmöglichkeiten, als der Auskunftsbestand einer großen wissenschaftlichen Bibliothek jemals hätte zur Verfügung stellen konnte.

Die ersten Konsequenzen dieser Entwicklung lassen sich in vielen Bibliotheken bereits sehr eindrucksvoll beobachten. Es fing zunächst ganz harmlos an, als die alten Zettelkataloge durch Online-Kataloge ersetzt wurden. Durch die Vernetzung vieler solcher Kataloge wurden in einem nächsten Schritt die gedruckten Bibliographien recht schnell überflüssig. Viele von ihnen haben mittlerweile ihr Erscheinen eingestellt. Als Konsequenz dieser Entwicklung wurden in den Bibliotheken viele Regalkilometer mit Bibliographien entweder magaziniert oder gleich entsorgt. Davon waren anschließend auch die Nachschlagewerke betroffen. Traditionsreiche Titel, man denke nur an den „Brockhaus“, sind mittlerweile Verlagsgeschichte, und die in den Bibliotheken immer noch prominent aufgestellten Ausgaben werden kaum noch genutzt. Ihr Verschwinden ist nur noch eine Frage der Zeit. Mit den wissenschaftlichen Zeitschriften, die immer öfter nur noch in elektronischer Form erscheinen, weil auf diese Weise die fachliche Kommunikation über Ländergrenzen hinweg schneller und effektiver organisiert werden kann, ist ein weiterer Publikationstyp im Begriff, aus den Regalen zu verbannt zu werden. Als Folge groß angelegter Digitalisierungsprojekte sind auch die Monographien als vermeintlich letztes Bollwerk der alten Bibliothekskultur immer häufiger im Internet zu finden. Aus urheberrechtlichen Gründen war davon zunächst nur der gemeinfreie Altbestand betroffen, was zu einer enormen Sichtbarkeit vormals rarster Werke geführt hat. Spätestens aber mit der Ankündigung, dass Google jedes gedruckte Buch der Welt über das Internet zugänglich machen will, wurde auch der Anfang vom Ende der Bibliothek, wie wir sie bislang kannten, eingeläutet.

Wenn nämlich ein Großteil der Werke, die früher allein in den Bibliotheken gesammelt und durch sie der interessieren Öffentlichkeit zur Verfügung gestellt wurden, nun online zugänglich sind, wird man früher oder später sehr ernst die Frage stellen müssen, inwieweit ein Bibliothekswesen im gewachsenen Umfang noch seine Berechtigung hat. War es beispielsweise in den 1950er Jahren ausschließlich und allein die örtliche Bibliothek mit ihren vielleicht 15.000 Büchern, die Einwohnern einer provinziellen Kleinstadt eine geistige Horizonterweiterung und Zugang zu zentralen literarischen Werken bieten konnte, so ist eine solche Bibliothek für diesen Zweck schon jetzt schlicht überflüssig.

Natürlich haben die Bibliotheken auf diese Entwicklungen reagiert. Sofern sie nicht selbst als Anbieter digitaler Inhalte im Internet auftreten, verstehen sie sich heute in erster Linie als sozial-kommunikative Orte, an denen Menschen zusammenkommen, um gemeinsam oder für sich allein in einem umfassend verstandenen Sinn etwas ‚mit Medien' zu machen. Als Bildungseinrichtungen sind Bibliotheken zudem bemüht, ihren Nutzern vielfältige Kompetenzen zu vermitteln, damit sie die Überfülle an Informationen, die das Internet bereithält, sinnvoll und professionell nutzen können. Dieses Konzept scheint zu funktionieren, denn Bibliotheken werden immer noch von vielen Menschen besucht, auch wenn immer weniger Menschen dort noch Bücher benutzen. Und so bleibt die Frage, was denn mit den vielen Büchern in Zukunft geschehen wird. Werden sie verschwinden? Wird es vielleicht überhaupt keine Bücher mehr geben?

Verschwinden werden gedruckte Bücher ganz sicher nicht. Dafür haben sie sich als Lesemedien über viele Jahrhunderte hinweg zu gut bewährt. Es darf sehr bezweifelt werden, dass digitale Geräte welcher Art auch immer diesen Standard jemals in gleicher Vollkommenheit werden erreichen können. Für die intensive Lektüre eines Textes bieten gedruckte Bücher als Vertiefungsmedien immer noch den besten Zugang. Es darf angesichts der vielen Möglichkeiten des digitalen Lesens sogar erwartet werden, dass die Ausstattung der gedruckten Bücher in den nächsten Jahren hochwertiger wird, um sich von E-Books auf mobilen Lesegeräten deutlicher abzuheben. Anspruchslose Taschenbuchausgaben mit Wegwerfliteratur zur einmaligen Lektüre dürften es gegenüber einem platzsparenden E-Book da schon schwerer haben.

Dass das gedruckte Buch also durchaus eine Zukunft hat, sagt über die Perspektive von Bibliotheken allerdings noch wenig aus. Hier wird es wohl so sein, dass – abgesehen von den wenigen Einrichtungen, die einen ausdrücklichen Archivierungsauftrag haben – ein Großteil der öffentlichen Büchersammlungen wegen weitgehender Funktionslosigkeit bis zur Mitte des 21. Jahrhunderts in ihrer heutigen Form verschwunden sein werden. Dieses Sterben der großen Büchersammlungen – das mit jedem Regal, das zugunsten von Besucherarbeitsplätzen abgebaut wird, mit jeder Bibliographie, die aus dem Lesesaal verschwindet, mit jedem Nachschlagewerk, das in die Magazine wandert, und mit jeder Sammlung, die wegen der vielen Online-Quellen nicht mehr oder nur noch bruchstückhaft aktualisiert wird, weiter um sich greift – dieses Sterben ist schon in vollem Gange. Es ist neben den vielen morbiden Aspekten der alten Bücherwelt nicht der unbedeutendste Grund für die eigentümliche Schwermut, die jeden Besucher einer Bibliothek beim Anblick der vielen ungenutzten Bücher in den Regalen unwillkürlich ergreift.

Das Buch als verletzlicher Körper

Aber sind das nicht allzu pessimistische Spekulationen? Soll denn ernsthaft der enorme Fortschritt bestritten werden, der mit der Erweiterung des Informations- und Wissenszugangs für Jedermann verbunden ist? – Den mit der Digitalisierung verbundenen Gewinn wird freilich niemand in Abrede stellen wollen. Aber man sollte auch die Augen nicht davor verschließen, dass einige Aspekte der alten Buchkultur dabei verloren gehen. Das gedruckte Buch ist nämlich nicht einfach nur ein Textträger, der durch eine digitale Ausgabe beliebig und verlustfrei zu ersetzen wäre. Vielmehr gibt das Buch dem Text einen Körper. Es verleiht einer zunächst nur abstrakt vorliegenden geistigen Schöpfung damit eine sinnlich erfahrbare materielle Präsenz, einen konkreten Ort, der lesend aufgesucht werden kann. Zudem fixiert das Buch einen Text an einem ganz bestimmten geschichtlichen Moment.

Durch diese allein dem gedruckten Buch zukommenden Eigenschaften wird der Text in einer Weise angereichert, der seine Lektüre über die bloße Kenntnisnahme des Inhaltes hinaus zu einer Art Begegnung werden lässt. Die Materialität des Buches und seine Typographie helfen überdies dabei, das Gelesene nicht nur zu verstehen, sondern es auch zu verinnerlichen und zu erinnern. Erfahrene Leser wissen sehr wohl, dass es einen erheblichen Unterschied macht, in welcher Ausgabe man ein Werk kennenlernt, denn die jeweilige konkrete Ausgabe beeinflusst – bewusst oder unbewusst – auch die Vorstellung, die wir von dem gelesenen Text haben. Wenn wir nämlich ein Buch lesen, dann nehmen wir keine klar definierte Information in uns auf, sondern wir erschaffen den Inhalt, den wir lesen, zum einen aus den gedruckten Worten und zum anderen aus den Vorstellungen und Bildern, die wir mit diesen Worten verbinden. Auf diese Weise wird der Leser immer auch zum Koautor seiner eigenen Lektüre.

Hier nun kommt das Buch als konkreter körperlicher Gegenstand ins Spiel. Es komplettiert unsere Lektüreerfahrung, indem es dem Text Gesicht und Gestalt, also in unserer Vorstellung einen Körper, gibt. Durch die Verschiedenheit der Buchausgaben und Textgestaltungen wird es so nicht nur leichter, die einzelnen Werke, die man gelesen hat, zu unterscheiden, sondern sich auch an sie und ihre Lektüre zu erinnern. Im Gegensatz dazu verschwimmen Texte, die bloß an Bildschirmen gelesen werden, schnell zu einem gesichtslosen und ununterscheidbaren Brei.

Das gedruckte Buch beeinflusst aber nicht nur unsere Vorstellung von den gelesenen Texten. Auch wir selbst hinterlassen bei der Lektüre unsere Spuren im Buch, denn wir verändern und verletzen es, wenn wir in ihm lesen. Diese Verletzungen reichen von ganz unscheinbaren Gebrauchsspuren bis hin zu kräftigen Anmerkungen. Darüber hinaus verändert sich das Buch als materieller Gegenstand auch von ganz allein, indem es altert. Und so bewahrt ein gelesenes Buch nicht nur die Spuren seines Gebrauchs, es lässt darüber hinaus auch das Verstreichen der Zeit sichtbar werden. Wir werden eigentümlich berührt, wenn wir ein altes Buch in die Hand nehmen, das wir als Kind oder in einer unruhigen Zeit des Studiums gelesen haben. Der Glanz des Neuen ist verflogen, die Seiten sind blasser geworden. Wir sind erstaunt, wie alt, ja veraltet und aus der Mode gekommen uns das Buch jetzt erscheint, und stellen dabei nicht ohne Beklemmung fest, wie viel eigene Lebenszeit schon vergangen ist. Sind wir selbst denn bereits genauso gealtert wie diese schon leicht vergilbten Buchseiten?

Die Melancholie, die das durch Zeit und Gebrauch gezeichnete Buch in uns auslöst, verweist darauf, dass wir bei dessen Lektüre nicht nur seine Inhalte erneut zur Kenntnis nehmen, sondern dass wir dabei – neben dem Autor, der den Text geschrieben hat – auch uns selbst erneut begegnen, indem wir uns an unsere frühere Rolle als Leser und an den Kontext der damaligen Lektüre erinnern. Eine solche Begegnung ereignet sich aber nicht nur, wenn wir selbst ein Werk intensiv studiert und durchgearbeitet haben. Sie findet auch statt, wenn wir ein altes Buch mit fremden Anmerkungen und Lesespuren zur Hand nehmen und so dem früheren Leser gleichsam über die Schulter blicken. Gerade bei einem prominenten Vorbesitzer hat dies einen besonderen Reiz. Es ist daher gar nicht verwunderlich, wenn wir angesichts eines alten, aber offenbar ungelesenen Buches so etwas wie Mitleid empfinden oder uns scheuen, entbehrliche

Bücher wie eine alte Zeitung oder überflüssig gewordene Unterlagen einfach als Altpapier zu entsorgen. Vielleicht liegt das an dem eigentümlichen Gefühl, im Buch eine Art menschliches Gegenüber zu haben.

7.
Die Bibliothek der Zukunft wird morbide sein – oder untergehen

Die moderne Bibliothek will von alledem nur noch wenig wissen. Sie versteht sich als digitaler Datenlieferant und als Bildungseinrichtung auf der Höhe der Zeit. Die moderne Bibliothek will ein Ort sein, an dem wir in einer kreativen Atmosphäre echten Menschen begegnen und keinen Papier gewordenen Gedankenschatten. Als Konsequenz aus diesem neuen Selbstverständnis erleben viele Bibliotheken derzeit massive Umgestaltungen. Der stille Lesesaal mit leise über ihren Büchern murmelnden Menschen ist Vergangenheit. Die zu überflüssigem Ballast gewordenen Bücher wurden samt den zugehörigen Regalen entfernt, um Platz zu schaffen für ansprechend gestaltete Lernwelten mit hoher Verweilqualität. Mit einem Informationsverlust für die Bibliotheksbesucher ist das alles durchaus nicht verbunden, denn das Internet ersetzt die verschwundenen Bücher, die niemand so recht zu vermissen scheint, und bietet darüber hinaus viele weitere Inhalte an, die deutlich reichhaltiger sind, als es der gedruckte Bestand jemals war. Diese Entwicklung ist also nicht nur negativ zu sehen. Und ist man ehrlich, so waren gedruckte Bibliographien und Nachschlagewerke doch eher eine Verlegenheitslösung. Im Gutenbergzeitalter gab es eben nur den Buchdruck, um Inhalte welcher Art auch immer einer größeren Öffentlichkeit dauerhaft zugänglich zu machen. Die neuen Medien bieten für viele dieser Inhalte unbestreitbar ein sachgerechteres Format.

Obwohl Bücher ihre Funktion als Informationsmittel weitgehend verloren haben, so sind sie dennoch nicht entbehrlich. Denn sie besitzen andere Eigenschaften, denen im normalen Bibliotheksalltag bislang keine große Aufmerksamkeit geschenkt wurde, die nun aber stärker hervortreten können. An dieser Stelle kommt die Bibliothek als morbide Einrichtung ins Spiel. Wir haben gesehen, dass Morbidität die Bibliothek seit ihren Anfängen begleitet. Sie wird auch ihre Zukunft sein. Die Digitalisierung nämlich betrifft nur die bloße Information, die wir in den Büchern finden. Die Körperlichkeit des Buches als materieller Gegenstand mit einer ganz konkreten Geschichte und einer bestimmten graphischen und typographischen Eigenart wird nicht von ihr erfasst.

Auch die dem gedruckten Buch eigene Ökologie des Vergessens, die ein sehr langsames Verschwinden aus dem kulturellen Gedächtnis und, damit einhergehend, auch eine gewisse Gelassenheit im Umgang mit sehr umfangreichem Überlieferungsgut ermöglicht, weil sie mit einer reellen Chance auf eine spätere Renaissance verbunden ist, ist im Internet nicht wirksam. Digitales verschwindet nicht nur vergleichsweise schnell, wenn es nicht ständig gesichert wird, es verschwindet auch sehr gründlich. Bücher hingegen sterben langsam, langsamer als Menschen, langsamer auch als Gräber und Denkmäler. Das macht sie in besonderer Weise geeignet für Inhalte, bei denen der Autor als Person wichtig ist. Denn erst in der Form eines gedruckten Buches kann er eine dauerhafte und fast schon personale Präsenz erreichen, weil das gedruckte Buch im Gegensatz zu einem Digitalisat die verrinnende Zeit abzubilden vermag. So kann der Leser einer Erstausgabe sich der Zeit des Autors annähern oder in den später erschienenen Ausgaben die Rezeption eines

Werkes durch andere Leser nachvollziehen. Dabei erweist sich gerade die Verletzbarkeit des Buches als körperlicher Gegenstand, seine Fähigkeit, zu altern und dabei langsam zu vergehen, als eine Eigenschaft, die aus der bloßen Lektüre eine unverwechselbare Begegnung machen kann, die ihrerseits letztlich wieder zurück auf die Person des Autors verweist.

Aus diesem Grund werden wir ganz sicher auch künftig noch echte Bücher drucken und diese Bücher, wenn sie eine bestimmte kulturelle Relevanz besitzen, auch in öffentlich zugänglichen Bibliotheken sammeln. Die Bibliotheken leisten mit der zuverlässigen Bewahrung dieser Bücher und der damit eröffneten Möglichkeit, Autoren auch künftig noch in gedruckten Ausgaben lesen zu können, eine Form des Totendienstes, der letztlich einem tief sitzenden menschlichen Bedürfnis nach Dauer und Unsterblichkeit entspricht. Mögen Büchersammlungen im Zuge der Digitalisierung als reine Informationsmittel für die normalen Bedürfnisse des Alltages auch weitgehend verzichtbar geworden sein. Als Orte jedoch, an denen Menschen mit ihren Gedanken und Gefühlen über den Tod hinaus erfahrbar und präsent bleiben, als Büchergrüfte, in denen die Leser sich auch ihrer eigenen Endlichkeit stellen können, haben Bibliotheken noch eine große Zukunft vor sich.

Literatur

Zu Kap. 1: Was Büchersammlungen mit Tod und Verfall zu tun haben

Babendreier, Jürgen: „Tote Literatur“. Ein biologisches Paradigma im Kulturraum Bibliothek. In: Bibliothek Forschung und Praxis 33 (2010), S. 332–340.

Brogsitter, Karl Otto: Das hohe Geistergespräch. Studien zur Geschichte der humanistischen Vorstellungen von einer zeitlosen Gemeinschaft der grossen Geister. Bonn 1958.

Schmidt, Gerd: Domus sepulcralis. Anmerkungen zum einem Topos der Bibliotheksgeschichte. In: Philobiblon 20 (1984), S. 129–134.

Schmidt, Gerd: Grabmal, Zeughaus, Apotheke. Beobachtungen zur Bibliotheksmetaphorik. In: Bibliotheken in der literarischen Darstellung – Libraries in Literature. Hrsg. von Peter Vodosek und Graham Jefcoate, Wiesbaden 1999.

Steinhauer, Eric W.: Im Beinhaus des Geistes. Friedhofs- und bestattungsrechtliche Fragestellungen im Bibliothekswesen. Hagen-Berchum 2014.

Zu Kap. 2: Die Leiche im Lesesaal

Allgemeine deutsche Real-Encyklopädie für die gebildeten Stände (Conversations-Lexikon). 8. Aufl. Leipzig 1835 [Brockhaus].

Behre, Maria: Art. „Mombert, Alfred“. In: Killy-Literaturlexikon. 2. Aufl. Berlin 2010, S. 302–304.

Borges, Jorge Luis: Emanuel Swedenborg. In: Die letzte Reise des Odysseus. Vorträge und Essays 1978–1982. Frankfurt a. M. 1992, S. 36–48.

Fricke, Beate: Fingerzeig und Augenblick. Galileo Galileis Finger zwischen Fetisch und Reliquie. In: Zeitschrift für Ideengeschichte 3 (2009), H. 1, S. 80–93.

Gryphius, Andreas: Mumiae Wratislavienses. Breslau 1662.

Haehling von Lanzenauer, Reiner: Alfred Mombert. Dichter und Jurist, 1872–1942. In: Lebensbilder aus Baden-Württemberg 20 (2001), S. 422–437.

Kersten, Paul: Bucheinband in Menschenhaut. In: Archiv für Buchbinderei 10 (1910), S. 17–18.

Kettner, Friedrich Gottlieb: Mumia Tōn Aigyptiōn. Sive Historicum Schediasma De Mumiis Aegyptiacis. 2. Aufl. Leipzig 1703.

Leibnitz, Johann Jacob: Inclutae Bibliothecae Norimbergensis Memorabilia, hoc est, Naturae Admiranda, Ingenii humani Artificia, et Antiquitatis Monumenta. Nürnberg 1674.

Moritz, Rainer und Reto Guntli: Die schönsten Buchhandlungen Europas. 3. Aufl. Hildesheim 2011.

Müller, Peter und Renate Siegmann: Schepenese. Die ägyptische Mumie der Stiftsbibliothek St. Gallen. St. Gallen 1998.

Murr, Christoph Gottlieb von: Beschreibung der vornehmsten Merkwürdigkeiten in der Reichsstadt Nürnberg, in deren Bezirke, und auf der Universität Altdorf. 2. Aufl. Nürnberg 1801.

Petrarca, Francesco: Secretum meum. Lateinisch – deutsch. Hrsg., übers. und mit einem Nachwort versehen von Bernhard Huss und Gerhard Regn. 2. Aufl. Mainz 2004.

Schöne, Albrecht: Schillers Schädel. 2. durchges. Aufl. München 2002.

Smith, J[ohn] J[ames]: The Cambridge Portfolio, Vol. 2, London 1840.

Steinhauer, Eric W.: Theorie und Praxis der Bibliotheksmumie. Überlegungen zur Eschatologie der Bibliothek. Hagen-Berchum 2012.

Swedenborg, Emanuel: The Spiritual Diary of Emanuel Swedenborg. Vol. 5. London 1902.

Thompson, Lawrence S.: Art. „Anthropodermische Einbände“. In: Lexikon des gesamten Buchwesens. Hrsg. von Severin Corsten und Günther Pflug. Bd. 1. 2. Aufl. Stuttgart 1987, S. 101.

Viertes Lesebuch für die Baslerischen Schulen, Basel 1825.

Zu Kap. 3: Verschimmeltes Altpapier

Assmann, Aleida: Erinnerungsräume. Formen und Wandlungen des kulturellen Gedächtnisses. 3. Aufl. München 2006.

Baker, Nicholson: Der Eckenknick oder wie die Bibliotheken sich an den Büchern versündigen. 1. Aufl. Reinbek bei Hamburg 2005.

Chales de Beaulieu, Susan und Jean-Baptiste Farkas: Alien, Marx & Co. Slavoj Žižek im Porträt. Frankfurt a. M. 2010.

Deutsche Bibliotheksstatistik: www.bibliotheksstatistik.de.

Hacker, Rupert und Klaus Gantert: Bibliothekarisches Grundwissen. 8. Aufl. München 2008.

Jochum, Uwe: Vernichten durch Verwalten. Der bibliothekarische Umgang mit Büchern. In: Verbergen – überschreiben – zerreißen. Formen der Bücherzerstörung in Literatur, Kunst und Religion. Hrsg. Mona Körte. Berlin 2007, S. 106–122.

Lübbe, Hermann: Im Zug der Zeit. Verkürzter Aufenthalt in der Gegenwart. 3. Aufl. Berlin [u. a.] 2003.

Neuheuser, Hanns Peter: Gesundheitsvorsorge gegen Schimmelpilz-Kontamination in Archiv, Bibliothek, Museum und Verwaltung. In: Bibliothek: Forschung und Praxis 20 (1996), S. 194–215.

Nietzsche, Friedrich: Vom Nutzen und Nachteil der Historie für das Leben. In: Unzeitgemäße Betrachtungen. 6. Aufl. Stuttgart 1976, S. 95–195.

Parsons, Peter: Die Stadt des Scharfnasenfisches. Alltagsleben im alten Ägypten. München 2009.

Pomian, Krzysztof: Der Ursprung des Museums. Vom Sammeln. Berlin 1998.

Sandermann, Wilhelm: Die Kulturgeschichte des Papiers. Berlin [u. a.] 1988.

Sontag, Susan: Wiedergeboren. Tagebücher 1947–1963. München 2010.

Vogel, Bernd und Silke Cordes: Bibliotheken an Universitäten und Fachhochschulen. Hannover 2005.

Wissenschaftsrat: Empfehlungen zum Magazinbedarf wissenschaftlicher Bibliotheken. Köln 1986.

Zukunft bewahren. Eine Denkschrift der Allianz zur Erhaltung des schriftlichen Kulturguts. Hrsg. von Barbara Schneider-Kempf. Text: Thomas Bürger. Berlin 2009.

Zu Kap. 4: Lesen ist ansteckend

Bach, Hedwig: Karl Borromäus. Leitbild für die Reform der Kirche nach dem Konzil von Trient. Ein Gedenkbuch zum 400. Todestag 1984. 2. Aufl. Köln 1985.

Ballner, Franz: Über die Desinfektion von Büchern, Drucksachen und dergl. mittels feuchter heißer Luft. Leipzig 1907.

Bayerl, Günter: Die Papiermühle. Vorindustrielle Papiermacherei auf dem Gebiet des alten deutschen Reiches. Technologie, Arbeitsverhältnisse, Umwelt. Teil 1. Frankfurt a. M. [u. a.] 1987.

Beetz, Manfred (Hrsg.): Briefwechsel zwischen Schiller und Goethe in den Jahren 1794 bis 1805. Bd. 1: Text. München 2005.

Benutzungsordnung für die Bibliothek der Pädagogischen Hochschule Freiburg vom 25. Januar 2012, URL: https://www.ph-freiburg.de/fileadmin/dateien/zentral/phbib/pdf/sonstige/BenutzungsOrdnung_2012.pdf [Abruf am 28. Februar 2014].

Bergdolt, Klaus: Die Pest. Geschichte des Schwarzen Todes, München 2006.

Blades, William: Die Bücherfeinde. Über Feuer und Wasser, Gas und Hitze, Staub und Vernachlässigung, Ignoranz und Engstirnigkeit. Darmstadt 2012.

Cohn, Hermann: Art. „Augenhygiene“. In: Encyklopädie der Hygiene. Leipzig 1905. Bd. 1, S. 57–69.

Eppinger, Hans: Die Hadernkrankheit. Eine typische Inhalations-Milzbrandinfection beim Menschen. Unter besonderer Berücksichtigung ihrer pathologischen Anatomie und Pathogenesis. Jena 1894.

Ewald, Gustav: Mikroorganismen als Schädlinge in Bibliotheken und Archiven. In: Bibliothek und Wissenschaft 5 (1966), S. 13–112.

Frank, Johann Peter: System einer vollständigen medicinischen Polizey. Bd. 1. 2. Aufl. Wien 1784.

Hamvas, Béla: Anatomie der Melancholie. In: Die Melancholie der Spätwerke. Berlin 2008, S. 37–61.

Hegel, Georg Wilhelm Friedrich: Grundlinien der Philosophie des Rechts. 4. Aufl. Hamburg 1955.

Hermann, Uwe: Zur Frage der Desinfektion bzw. Sterilisation von Büchern. Untersuchung alter Bücher in öffentlichen Büchereien auf Pilze. Diss. Leipzig 1969.

Hillenberg, [N.N.]: Ueber die Bedeutung der Schul-, Leih- und Volksbibliotheken hinsichtlich der Übertragung ansteckender Krankheiten. In: Zeitschrift für Medizinalbeamte 21 (1908), S. 500–505.

Hiller, A.: Ueber die Infektionsgefahr durch Bücher und die Desinfektion von Büchern. In: Zentralblatt für Bibliothekswesen 26 (1909), S. 197–202.

Höpfner, C. L.: Etwas über Lesebibliotheken, Lesegesellschaften politische Schwärmereyen, und Polizeypflicht. In: Magazin der Kunst und Literatur 2,2 (1794), S. 12–22.

Jünger, Ernst: Das abenteuerliche Herz. Zweite Fassung. Figuren und Capriccios. In: Sämtliche Werke. Bd. 9. Stuttgart 1979, S. 177–330.

Krausz, Arthur: Ueber die Infectionsfähigkeit und Desinfection von gebrauchten Büchern. In: Zeitschrift für Hygiene 37 (1901), S. 241–249.

Krügelstein, [Franz Christian Karl]: Von dem Trödelhandel und dessen großen Nachteilen für die Gesundheit. In: Zeitschrift für die Staatsarzneikunde 38 (1839), S. 241–268.

Lion, Alexander: Untersuchungen über den Keimgehalt und die Desinfection benutzter Bücher. Diss. Würzburg 1895.

Meyrink, Gustav: Der Golem. Roman. Neuausgabe. München 2009.

Poe, Edgar Allan: Der Rabe. Übers. von Theodor Etzel. In: Hyperion 1 (1908), Bd. 3, H. 6, S. 135.

Poe, Edgar Allan: Der Rabe. Zweisprachige Ausgabe. Frankfurt a. M. 1981.

Sailer, Johann Michael: Glückseligkeitslehre aus Gründen der Vernunft mit steter Hinsicht auf die Urkunden des

Christenthums, oder christliche Moralphilosophie. 3. Aufl. Sulzbach 1830.
Steinhauer, Eric W.: Der Tod liest mit ... Seuchengeschichtliche Aspekte im Buch- und Bibliothekswesen. Hagen-Berchum 2013.
Tissot, S[amuel]. A. D.: Von der Gesundheit der Gelehrten, Zürich 1768.
Wesenberg, G.: Bücher als Krankheitsüberträger und deren Desinfektion. In: Blätter für Volksbibliotheken und Lesehallen 4 (1903), S. 3–10.
Winkle, Stefan: Geisseln der Menschheit. Kulturgeschichte der Seuchen, 3. Aufl., Düsseldorf 2005.
Wittmann, Reinhard: Geschichte des deutschen Buchhandels. Ein Überblick. München 1991.
Zedler, Johann Heinrich: Großes vollständiges Universal-Lexikon aller Wissenschafften und Künste. Bd. 7. Leipzig und Halle 1734.
Zeller, Ph.: Die Gewerbepolizei in den Preußischen Staaten. Nach den desfalligen Gesetzen, Edicten, Verordnungen und Ministerialrescripten. Quedlinburg [u. a.] 1834.

Zu Kap. 5: Das Grauen nistet im Regal

Benjamin, Walter: Ursprung des deutschen Trauerspiels. In: Gesammelte Schriften. Bd. 1/1. Frankfurt a. M. 1991.
Görres, Joseph von: Die christliche Mystik. Hrsg. von Uta Ranke-Heinemann. Bd. 3, Nachdruck der 2. Aufl. München [u. a.] 1879. Frankfurt a. M. 1989.
Hamberger, Klaus: Mortuus non mordet. Dokumente zum Vampirismus 1689–1791. Wien 1992.
Jarrot, Sabine: Le vampire dans la littérature du XIXe au Xe sciècle. Paris [u. a.] 1999.

Kostova, Elizabeth: Der Historiker. Roman. Berlin 2005.
LeFanu, Sheridan: Carmilla In: Von denen Vampiren oder Menschensaugern. Dichtungen und Dokumente. München 1968, S. 321–414.
Luhmann, Niklas: Die Realität der Massenmedien. 4. Aufl. Wiesbaden 2009.
Polidori, [John] William: Der Vampyr. In: Von denen Vampiren oder Menschensaugern. Dichtungen und Dokumente. München 1968, S. 45–69.
Ranft, Michael: De masticatione mortuorum in tumulis. Leipzig 1725.
Ranft, Michael: De masticatione mortuorum in tumulis liber singularis. Leipzig 1728.
Ranft, Michael: Tractat von dem Kauen und Schmatzen der Todten in Gräbern, Leipzig 1734.
Shelley, Mary Wollstonecraft: Frankenstein. Roman. München 1970.
Steinhauer, Eric W.: Vampyrologie für Bibliothekare. Eine kulturwissenschaftliche Lektüre des Vampirs. 2. korr. u. erg. Aufl. Hagen-Berchum 2011.
Sterne, Carus: Der Vampirschrecken im neunzehnten Jahrhundert. In: Die Gartenlaube 1873, S. 555.
Stoker, Bram: Dracula. Ein Vampirroman. München 1967.

Zu Kap. 6: Die Melancholie der Bibliothek

Borges, Jorge Luis: Die Bibliothek von Babel. Erzählungen. Stuttgart 2000.
Schmidt, Arno: Aus julianischen Tagen. Frankfurt a. M. 1979.
Steinfeld, Thomas: Der leidenschaftliche Buchhalter. Philologie als Lebensform. München 2004.
Storm, Theodor: Immensee und andere Novellen. Stuttgart 1988.

Abbildungsnachweis

S. 21 Leipziger Mumie
Aus: Friedrich Gottlieb Kettner: Mumia Tōn Aigyptiōn, Sive Historicum Schediasma De Mumiis Aegyptiacis ; 1. Aufl., Leipzig 1703

S. 23 Die Breslauer Bibliotheksmumie
Andreas Gryphius, Mumiae Wratislavienses, Breslau 1662, S. 41

S. 25 Nürnberger Stadtbibliothek
Aus: Leibnitz, Johann Jacob: Inclutae Bibliothecae Norimbergensis Memorabilia, hoc est, Naturae Admiranda, Ingenii humani Artificia, et Antiquitatis Monumenta. Nürnberg 1674

S. 27 Hieronymus
http://upload.wikimedia.org/wikipedia/commons/a/ac/D-%C3%BCrer-Hieronymus-im-Geh%C3%A4us. jpg?uselang=de

S. 29 Holbein
http://commons.wikimedia.org/wiki/File:Holbein_Danse_-Macabre_26.jpg?uselang=de

S. 50 Milzbrand
http://phil.cdc.gov/PHIL_Images/1118/1118_lores.jpg

S. 82 Goya
http://upload.wikimedia.org/wikipedia/commons/e/ee/Goya-Capricho-43.jpg

S. 84 Poe
http://commons.wikimedia.org/wiki/File:DE_Poe_Der_Rabe_03.jpg?uselang=de

S. 95 Ranft
http://upload.wikimedia.org/wikipedia/commons/thumb/-2/2f/Tractat_von_dem_Kauen_und_Schmatzen_der_Todten_in_Gr%C3%A4bern_002.jpg/1024px-Tractat_von_dem_Kauen_und_Schmatzen_der_Todten_in_Gr%C3%A4bern_002.jpg

S. 109 Frankenstein
http://commons.wikimedia.org/wiki/File:Frankenstein.1831.inside-cover.jpg